交流史から学ぶ東アジア

食・人・歴史でつくる教材と授業実践

高吉嬉
國分麻里
金玹辰
編著

明石書店

はしがき

　私は2002年に日本の大学の教壇に初めて立って以来、社会科教師一人ひとりの歴史認識や国際理解のあり方が、学生に対していかに大きな影響を及ぼすのか痛感してきた。稀に大学の授業の中で韓国や中国に関心を持ち、ある程度の歴史・社会・文化に関する基本的な知識を身に付けている学生に出会うことがある。後で聞いてみると、彼ら／彼女らのほとんどが小中高のある段階で朝鮮半島や中国にかかわる近現代史や文化などの授業を行った教師に出会っている。そこで思うのは、一人ひとりの社会科教師が国際社会、とりわけ交流の頻繁な東アジアに目を向けて、子どもに歴史の知識や認識を提示することの大切さである。

　教師の役割は、過去と未来の間に立つことであり、また教育の質は教師の質を超えることはできないと言われている。子どもは未来に生きる存在であり、社会科の授業は未来への希望を与えるものでなくてはならない。子どもは、自分にはなすべき課題があると自覚したとき、初めて未来への希望を語ることができる。従って、社会科教育の第一歩として必要なのは、教師が子どもにとって世界の友だちとつながるための「窓」になることである。その意味で、社会科教師が授業の中で、初発の段階から子どもが東アジアの人々と「仲良くしたい」「友だちになりたい」という素朴に持っている思いを大事にしながら、過去の歴史が残した心の壁を乗り越えるための「内面的統一と和解」を語り、さらに東アジアにおける未来のビジョンを示していくことが求められている。

　しかし、第二次世界大戦後70年以上が経っているにもかかわらず、歴史認識や領土問題などをめぐって、日本、中国、朝鮮半島の関係は近年にないほど厳しい状況である。現在、外交的にも経済的にも政府や民間から多様なアプローチでその解決策が試みられているが、教育においても、特に社会科教育が果たすべき役割は大きい。その社会科教育においても特に中心になるのは、「国際理解」の視点である。

日本の社会科の場合、2017年度版小・中学校学習指導要領における目標は、「グローバル化する国際社会に主体的に生きる平和で民主的な国家および社会の形成者に必要な公民としての資質・能力の基礎」を育成するとされている。この「国際社会に主体的に生きる平和で民主的な国家及び社会の形成者」を育成するためには、あらゆる側面にわたって、国際理解の視点を活かした授業を絶えず構想し、実践していく必要がある。もちろん、日本の学習指導要領は「我が国の国土や歴史に対する愛情」を育てることを明記しており、地域の産業や消費生活について学ぶことを定めているが、その地域自体が多文化化・多国籍化している現代においては、地域に生きること自体がグローバル化した国際社会に生きることを意味することになる。

　では、社会科の授業で何をどのように教えれば、子どもは興味・関心を持って、「もっと知りたい」「もっと考えてみたい」「自分でもそのように行動したい」といった前向きな姿勢を持ってくれるのか。インターネットの中で隣国に対する憎悪や排外主義を増幅するような言葉があふれる時代では、日本の社会科教師の多くがこの点について考え悩み、子どもに東アジアと友好関係を築いていく資質・能力を育成するための手がかりを求めている。しかし、それに適した社会科教材は十分開発されてきたとは言いがたい。

　これまで日本の社会科教師たちは、東アジア諸国との友好を考える上で、まず何より日本に関する歴史認識を正しく形成すべきだと考え、戦前の植民地支配や戦争の歴史、そして戦後責任の問題を取り上げ実践してきた。しかし、そのような授業実践だけでは、子どもが東アジアとの歴史問題に積極的な興味・関心を示さないという問題点が明らかになっていく。それどころか、韓国や中国に対する否定的な感情を抱き、「重たい」「難しい」「相手の国だって問題はあるでしょう」「今の私には関係ない」といった姿勢を見せる場合がある。

　そこで重要なのは、教師が単に植民地支配や侵略の事実を「暴露・告発」するだけではなく、植民地と戦争の時代であっても、子どもが未来を築いていくためのモデルやビジョンとなるものを抽出し示すことである。例えば、近現代の歴史に翻弄されながら国をまたがって生きざるを得なかった在日朝鮮人や在朝日本人などに注目し、彼ら／彼女らの中には国や民族をこえて交流し、支え合って生きた歴史があること、また歴史的に様々な文化の交流があった事実を

示すことである。このような国境、民族、文化をこえていくミクロなストーリーは、グローバル化が進む現代において、子どもが身近な他者と共生するための一つの種子となるだろう。

　本書は、このような問題意識を持ちながら、2012年から6年間、中国・韓国・日本と生まれも育ちも異なる9名の筆者が、国際理解の視点を踏まえて、東アジアの食・人・歴史の交流に着目した教材を開発してきた。その教材を日本や韓国の中学校や高校で実践しながら、教材の有効性を検証しその成果をまとめたものである。

　本書の構成は、大きくは食・人・歴史という三つの側面にしたがい、「食文化でひろがる東アジア」（第Ⅰ部）、「人々でつながる東アジア」（第Ⅱ部）、「歴史から響き合う東アジア」（第Ⅲ部）という3部で成り立っている。

　第Ⅰ部は、「食文化でひろがる東アジア」である。「箸の文化はどのように発展してきたか」（蔡秋英）と「あなたの街のカップ麺はなに味？」（金玹辰）の二つからなる。蔡秋英は、箸の食文化を取り上げることで、生徒に東アジア文化に対する相互理解を高めさせるとともに、今後更なる交流の必要性を認識させることをねらいとしている。金玹辰は、昆布の原産地である北海道という地域史的な観点から東アジアとのつながりを考えている。授業実践では生徒に馴染みやすいカップ麺を導入に使い、昆布ロードを通して、東アジアにおける食文化の交流を描き出している。

　第Ⅱ部は、「人々でつながる東アジア」である。「江戸時代に漂流するとどうなるのか」（國分麻里）と「「境界人」旗田巍のアイデンティティとは何であったか」（高吉嬉・石川学）からなる。國分麻里は、朝鮮半島に漂着した薩摩の武士がいかに日本に戻ってきたのか、漂流民を事例として、日本と朝鮮半島の人々の具体的な交流の様子を浮き彫りにしている。高吉嬉・石川学は、東アジアを生きた「境界人」である旗田巍に焦点を当て、旗田のアイデンティティのあり様を学ぶことで、多様なアイデンティティを認め合うことの大切さについて生徒自身が考えを深めることを目指している。

　第Ⅲ部は、「歴史から響き合う東アジア」である。「自分の姓名が変えられたとき、人はどう感じるか」（坂田彩実）と「東アジアの町は日本の歴史とどのよ

うな関係があるか」（梅野正信・山元研二）からなる。坂田彩実は、日本と朝鮮では人名に関する慣習や価値観が異なることに注目し、日本・朝鮮・台湾の姓名と家族制度を比較することを通して、朝鮮における創氏改名の意味について考えている。梅野正信・山元研二は、東アジア近隣諸国の歴史の一部が日本近代史及び同時代史そのものであるという視点から、韓国、中国、台湾の町にある建物を通して歴史を学ぶことを目指している。

　このように本書で開発された6本の教材は、中学校や高校での歴史、地理、倫理、現代社会（政治・経済）、家庭科といった様々な授業時間で実践された。それぞれのテーマが特定の分野に縛られることなく、様々な教科や学年で拡がりをもって実践できる総合的なものとなっていることが分かるであろう。さらにこれらの教材は、授業で使用した資料や実際に授業実践を行った後の生徒の感想を踏まえた授業評価を記しており、この授業を参考にしながら、自分の目の前にいる子どもの実態に合わせた授業実践を行うことも可能である。
　東アジアの交流に関する授業を行う際、本書が大きな手がかりとなることを執筆者一同願ってやまない。

執筆者を代表して　高 吉嬉

交流史から学ぶ東アジア
──食・人・歴史でつくる教材と授業実践──

目　次

はしがき ……………………………………………………………… 高 吉嬉 3

第Ⅰ部　食文化でひろがる東アジア ……………… 11

第1章　箸の文化はどのように発展してきたか ………… 蔡 秋英 12

はじめに ………………………………………………………………… 12

１．教材としての箸の文化 ………………………………………… 13

２．箸の教材化に向けて ……………………………………………… 17

３．授業の様子と生徒の感想 ……………………………………… 22

おわりに ………………………………………………………………… 28

第2章　あなたの街のカップ麺はなに味？ ……………… 金 玹辰 30

はじめに ………………………………………………………………… 30

１．教材の背景 …………………………………………………………… 31

２．教材化に向けて ……………………………………………………… 35

３．指導案 ………………………………………………………………… 38

４．授業の様子と生徒の感想 ……………………………………… 40

おわりに ………………………………………………………………… 44

コラム① トウガラシとキムチ …………………………… 金 玹辰 50

第Ⅱ部　人々でつながる東アジア ……………… 53

第3章　江戸時代に漂流するとどうなるのか ………… 國分 麻里 54

はじめに ………………………………………………………………… 54

１．教材の背景 …………………………………………………………… 55

２．教材化に向けて ……………………………………………………… 57

３．授業の様子と生徒の感想 ……………………………………… 61

おわりに ………………………………………………………………… 64

第4章　「境界人」旗田巍のアイデンティティとは

何であったか ……………… 高 吉嬉・石川 学 71

はじめに ………………………………………………………………… 71

1．教材について ……………………………………………… 71

　　2．学習指導案 ………………………………………………… 78

　　3．生徒の感想と成果 ………………………………………… 81

　　おわりに ……………………………………………………… 85

コラム② 李仲燮と山本方子 ………………………………… 高 吉嬉 91

第Ⅲ部　歴史から響き合う東アジア ……………… 93

第5章　自分の姓名が変えられたとき、
　　　　　人はどう感じるか ……………………… 坂田 彩実 94

　　はじめに ……………………………………………………… 94

　　1．教材の背景 ………………………………………………… 94

　　2．教材化に向けて …………………………………………… 97

　　3．授業の様子と生徒の感想 ……………………………… 100

　　おわりに …………………………………………………… 104

第6章　東アジアの町は日本の歴史と
　　　　　どのような関係があるか ……… 梅野 正信・山元 研二 109

　　はじめに …………………………………………………… 109

　　1．授業の背景 ……………………………………………… 111

　　2．教材化に向けて ………………………………………… 112

　　3．指導案 …………………………………………………… 117

　　4．授業の様子 ……………………………………………… 119

　　5．授業の成果と課題—生徒の認識から— ……………… 124

　　おわりに …………………………………………………… 125

コラム③ 韓国映画：風の丘を越えて（西便制）…………… 梅野 正信 128

　あとがき ……………………………………………… 二谷 貞夫 131

第Ⅰ部
食文化でひろがる東アジア

第Ⅰ部　食文化でひろがる東アジア

第1章

箸の文化はどのように
発展してきたか

蔡　秋英

はじめに

　東アジア地域[1]の各国は、古くから様々な面で深い交流が行われ、漢字や箸、儒教などといった文明を共有しながら、「自国らしさ」という独自の文化を創ってきた。では、この共通の文化圏はどのように形成され、それがどのように各国の独自の文化として発展してきたか。本章では、このような問題意識に基づき、主に日本、中国、韓国の箸を取り上げ、生徒たちに日中韓の友好的な関係を維持するためには何が必要であるかを考えさせる授業実践を行い、その結果を分析する。まず、箸に関する教材として適した内容を示す。次に、その内容を踏まえて箸を教材化するための視点を提案し、学習指導案を開発する。最後に、開発した学習指導案を実践し、その成果と課題を考察する。

　なお、本章で箸を取り上げた理由として、次の3点を挙げることができる。①箸は日中韓の3カ国とも食べる道具として使われており、生徒にとって身近なものであるため、親近感を持って考えることができること。②箸は3カ国の文化の違いを示すだけでなく、昔ながらの深い友情の証であること。③二本が相互に協力し、協調することで食べ物を挟むことができるような箸に喩えることで、両国の友好的な関係の維持の重要性が理解しやすいことである。

---

1)　東アジア地域は、中国、日本、朝鮮半島（韓国・北朝鮮）、台湾などを含む。この地域では食べる道具として箸を使っている。本章の授業実践は、日本、中国、朝鮮半島内の韓国という3カ国を中心に取り上げて行ったので、以下では「日中韓」という表現を使用する。

1．教材としての箸の文化

1－1．世界三大食法と箸

　まず、食事に使う道具を中心に世界の食事作法をみると、表1-1のように大きく三つに分けることができる。表から、日中韓の箸食文化は世界三大食法の一つであり、手食文化圏の割合が最も大きいことが分かる。手食が習慣の人々は、食べる前に手触りや温度が楽しめるし、指先から味が伝わってくるという。食前と食後に手を丁寧に洗うのが前提条件であり、神聖なる右手の親指と人差指、中指を使って食べ物を食べる。一般的に、トイレなどで使われる左手は不浄であるので、食べ物をつかんだりしてはいけないし、右手三本指以外を使用したりすることは不作法とされる。なお、ヨーロッパでも近世までは手食文化が主流であったが、17世紀末のパスタの流行により手食文化が消えたという。しかし、現代でもパンなどを食べるときに手で食べる。一方、東アジア地域でも最初は手食であったが、古代人が火を使って熱い食べ物を食べるようになってから、手に代わるものとして箸がつくられ、改良されるにいたったという。[2]

　箸の歴史からみると、まずは中国から韓国へ、その次に日本という順に伝えられ、それぞれの国の食事文化とともに発展してきた。中国では、少なくとも

表 1-1　世界三大食法文化圏

食法	機能	特徴	地域	人口割合
手食文化圏	まぜる つかむ 運ぶ	イスラム教圏、ヒンズー教圏、東南アジアでは厳しい手食マナーがある。人類文化の根源。	東南アジア、中近東、アフリカ、オセアニアなど。	約40％
ナイフ・フォーク・スプーン食文化圏	切る 刺す すくう 運ぶ	17世紀フランス宮廷料理の中で確立。パンだけは手で食べる。	ヨーロッパ、ロシア、北アメリカ、南アメリカなど。	約30％
箸食文化圏	まぜる 挟む 運ぶ	中国文明の中で火食から発生。中国、朝鮮半島では匙と箸がセット、日本では箸だけ。	日本、中国、朝鮮半島、台湾、ベトナムなど。	約30％

注：石毛・鄭編（1995）、p.110より作成。

2)　周（1989）、p.103。

第Ⅰ部　食文化でひろがる東アジア

3000年前から祖先の霊や神に食べ物を捧げるための道具である礼器として箸を使用していたが、春秋末期から戦国時代になってから日常用品として使われた。[3]韓国では、遅くても1500年前から箸が広く使われ、箸と匙の出土品をみると、古代にさかのぼるほど箸は少なく、新羅統一までは匙が多かった。日本はアメリカ文化が入ってくるまでは中国や朝鮮半島との交流を中心として、韓国や中国の文化はもちろんのこと、中国に導入された中央アジアや東欧の文化まで容易に吸収した。箸は弥生時代末期に中国、朝鮮半島から神様が使う神器として伝来し、初めて箸が食事に使われたのは7世紀ころであり、宮中から寺院を通して、次々と貴族から庶民へと伝わり、8世紀ころになって一般化された。

　箸の語源についてもそれぞれの国で意味合いがある。中国の箸は「筷子（クァイズ）」と呼ぶ。古代中国では箸を「箸（zhu）」と書き「ツ」と呼んだが、「ツ」は「泊まる」や「止まる」、「住む」の意味をあらわす「住（ツ）」と発音が同じである。箸が広く使われた明代に、川が多い南方地域に住んでいた人々は主に魚を捕って暮らしていたので、船の中にいる時間が長い。しかし、毎日使う箸を「ツ」といい、「住（止まり）」のように聞えたので、「船が早く進み、多くの魚を捕るために」、また「航路が順調になるように」という願いで、「速い」という意味をあらわす「快（クァイ）」を使っていた。当時、竹を材料とした箸が多かったので、「快（クァイ）」に竹冠を加え、「筷子（クァイズ）」と呼ぶようになった。

　韓国では箸を「젓가락（チョカラック）」という。これは、漢字の「箸（저）」と韓国語の「가락（細長いものを言うとき使う）（カラック）」を合わせてつくった言葉である。一方、匙を「숟가락（スッカラック）」と呼ぶが、これは漢字の「匙（술：一口食べるという意味）」と「가락（カラック）」を合わせてつくった言葉である。特に、韓国では箸と匙をセットとして使うので、二つを合わせて「수저（スジョ）」という場合が多い。

　日本の箸は「箸（はし）」と呼ぶ。日本語で「ハシ」という言葉には橋、梯子、柱などがあり、これらは向こうとこちらの二つの世界をつなぐ橋渡しの役目を持つ道具である。このように考えると、「箸」も食べ物と食べ物、食べ物と体をつなぐものであるので、「はし」と呼んだという。箸は、口に運ぶ先は人のもの、もう片方の端は神様のものであり、その人と神様を結ぶ「橋渡し」の道具であ

---

3)　石毛（1980）、p.10。

ると考える。よって、箸を使うことで常に神様に感謝を捧げる。

　箸と匙の併用からみると、中国と日本では匙よりは箸の使用が多いが、韓国では匙と箸を必ずセットにして一緒に使う。中国の場合、ご飯は箸で食べるが、スープは匙で食べる。特に熱い食べ物が好きな中国人は食べるときにやけどをしないようにするため、陶器製の匙（レンゲ）を使っている。日本の場合、スープを含むすべての食事は箸を使い、伝統的な和食の配膳では匙を置かない。現在はカレーや中華料理を食べるとき、英語そのままの西洋スプーンを使う場合が多い。韓国の場合、ご飯とスープは匙で食べ、箸はおかずをつまむのに使う。

1－2．箸の比較

　日中韓の3カ国は箸の文化を共有しているが、その中身を探ってみると、それぞれの国の生活の特徴によって微妙な違いがあることに気付く。

　まず、箸の長さと形が違っている（写真1-1）。長さは中国がいちばん長く、その次は韓国、日本の順である。

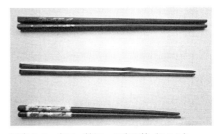

写真1-1　中国・韓国・日本の箸（上から）

その原因は3カ国の食卓風景から考えられる。中国では広くて大きな食卓の真ん中に置かれたおかずを食べるので、遠いところから自分のお皿に取り分けて食べられるよう箸が長くなっている。特に、昔の食卓は回転式ではなかったので、できるだけ長い箸が使われた。日本の場合は、一人前の食膳になっており、食卓も一人で使いやすいよう小さくなり、高さも低いので、箸は食べ物をつまみやすいよう短くなっている。一方、韓国の食卓の大きさは中国と日本の間ぐらいになるので、箸の長さも中国と日本の間になる。

　次に、箸の先からみると、中国は丸くて太いが、日本は尖っており、韓国は平らになっている。その理由は3カ国の食べ物から考えられる。中国では、油っこい食べ物をつまみやすいように先が尖っていない。日本は魚料理をよく食べるので、箸でつまむことよりも、魚の身と骨を分けたり、滑りやすい刺し身などをはさんだり、切ったりすることができるように先が尖っている。一

第Ⅰ部　食文化でひろがる東アジア

写真1-2　中国の箸

写真1-3　日本の箸

写真1-4　韓国の箸と匙

方、韓国ではキムチのような野菜をつまみやすいように先が平らになっている（写真1-2、1-3、1-4）。また、箸の置き方をみると、中国と韓国は食膳の右側に縦に置くが、日本は食膳の手前に横に置く。韓国でも箸と匙、食器などを配膳するのにきまりがあるが、現在は一般的に、ご飯を左側、汁物を右側、そして匙を左側、箸を右側に配膳する。

　最後に、箸の材料からみると、中国では最初は象牙や金、銀の箸が多かったが、現在は木や竹でつくった箸をよく使っている。日本では、木や竹を主な材料としてきたが、室町時代には杉や檜の箸が多く使われ、鎌倉時代には漆を使った箸が登場した。江戸時代に入ると、塗り箸も生まれ、また樽などの余った材料から割り箸もつくられ、昭和になって大衆化した。韓国では、新羅時代から金属を高貴なものとして扱うようになり、箸も金属製が主流となった。特に、金属製の箸は耐久性も優れているし、食べ物を取ったときに落ちにくいし、焼き物を食べるときに焦げが付きにくく食べやすいなどのメリットが挙げられる。現在はステンレス製の箸をほとんど使っている。

1－3．箸と関連した生活のマナーや風俗

　まず、箸と関連したマナーをみると、韓国では、食事のときに食卓の上のすべての器を手に持たずに置いたまま、金属製の匙と箸を一緒に使って食べる。昔から食器も箸や匙とともに金属製が多く使われ、食器に食べ物を入れると熱いから手に持たずに食べたという。この習慣が現在に至って食事のマナーとなったのである。日本や中国では、匙を使わないから器を口に近づけて箸を使って食べるので、食器は熱の伝達が弱い木か陶器を使っている。それ以外、中国ではスープを食べるとき、陶器製の小さな匙（レンゲ）をよく使う。日本でも雑炊、カレー、チャーハンなどを食べるときにスプーンを使う（写真1-5、

第1章 箸の文化はどのように発展してきたか

写真1-5　韓国の食器　　　写真1-6　日本の食器　　　写真1-7　中国の匙（レンゲ）

1-6、1-7）。

　次に、箸と関連した風俗や生活習慣からみると、日本では箸を吉祥のものとして神社やお寺に捧げる。そして、この箸を使えば運が付いて金持ちになるという。中国でも新しい家の棟上げに箸をかけたり、嫁入りの必須品の一つとして箸を入れたりする。韓国でも誕生日のお祝いなどで銀の箸と匙をセットでプレゼントする風俗がある。それ以外、箸の色からみると、韓国では色がある箸を使う例が少ないが、中国では、結婚式では吉祥を意味する赤い箸を、祭祀では白い箸をよく使う。一方、日本では子どもの百日祝いに、子どもの健やかな成長を願って柳箸を使うこともある。

2．箸の教材化に向けて

2-1．教材としての視点

　グローバル化が進展する中で、国や地域が相互協力し、協調して友好的な関係を維持することがますます重要視されている。そのためには、政治・経済・文化などの面における積極的な交流が必要である。この中で、文化は人やモノを媒介とした交流を通して、時間的・空間的に伝わり、社会・制度や人々の生活様式によって新しく創られ、よりよいものへと発展していく。また、歴史的に長く培われたものはその国や人々の伝統文化として継承されていく。このように、文化をよりよく発展させていくために前提となるものが自国の文化理解と異なる文化への相互理解・尊重・認め合いである。

　以上の視点に基づき、本授業実践は日中韓の箸を取り上げ、図1-1のような箸の歴史と現在を結びつけた全3時間の授業を構想した。まず、1時間目には「世界三大食法と箸の歴史」を通して、自国とは異なる文化を持つ人々と仲良く交流するために何が必要であるか（相互理解・尊重・認め合い ⇒ 図のA）を考

第Ⅰ部　食文化でひろがる東アジア

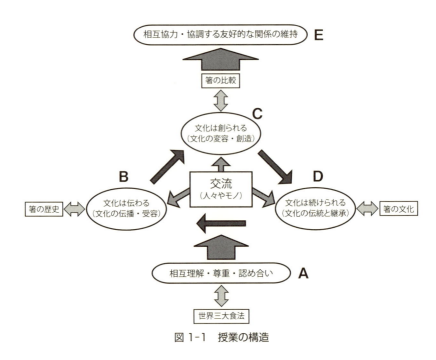

図1-1　授業の構造

えた上で、中国に由来した箸がどのように韓国や日本へ伝わったか、また人々はそれを受容してどのように自国独自の文化を創ろうとしたか（文化の伝播・受容⇒図のB）を知る。次に、2時間目には「箸の比較」を通して、現在に至るまでそれぞれの国の人々は、箸の文化をどのように自分の生活様式に合わせて新しく創ってきたか（文化の変容・創造⇒図のC）を理解する。最後に、3時間目には3カ国の「箸に関連した生活のマナーや風俗」の事例から、歴史的に長く培われたものはその国や人々の伝統文化として受け継がれている（文化の伝統と継承⇒図のD）ことを理解するとともに、誇りを持って自国の優れた文化を世界に伝えていくためにはどのようにするか（相互協力・協調する友好的な関係の維持⇒図のE）を考える。3時間の授業を通して、生徒たちは古くから深い交流を通して伝わった箸がどのように文化として現在に至るまで発展してきたかを理解することができるとともに、さらに外国と友好的に交流しようとする積極的な態度を高めていくことができる。

第1章　箸の文化はどのように発展してきたか

　なお、箸に関する授業の先行実践[4]をみると、箸の持ち方・使い方の特性や箸が上手に使えるようになる技能の習得、箸づくりの体験などの学習活動を中心としている。特に、宇都宮ら（2009）の実践では世界三大食法や日本の箸の歴史、日中韓の箸の比較などについて触れているものの、それらはあくまでも日本を中心とした箸食文化に関する知識・理解の習得のためであった。それに対して、日中韓の箸を取り上げ、その文化が過去から現在に至るまでどのように発展してきたかを空間的・時間的な視野から理解させること、また「交流」をキーワードとして、これから外国との友好的な関係を継続していくためには何が必要であるかを考えさせることが、本授業実践の特長である。

２－２．学習指導案

（１）題材名：「日中韓の箸について考えよう」

　実施日：2016年3月　　実施校：広島県立戸手高等学校（全日制）

　実施教科：家庭科

（２）題材観　（→「２－１．教材としての視点」を参照）

（３）生徒観

　本校の家庭科では1学年の1クラス40名を2分割して授業を行っているため、対象生徒数は20名（男子8名、女子12名）である。まず、事前調査を行い、生徒の既存知識の状況を把握した（表1-2）。生徒たちは、普段経験している自国の文化については知っているものの、その文化がどのように創られてきたか、外国の異なる文化をどのように理解して受け止めていくかなどに関する認識や態度はまだ不十分であることが分かった。しかしながら、外国文化に興味を持って体験してみたいと思う生徒も多かった。

（４）指導観

　生徒にとって身近なものである箸を取り上げ、日本や外国の食文化について

4）　例えば、真下ら（2007）、宇都宮ら（2009）などがある。

19

第Ⅰ部　食文化でひろがる東アジア

歴史と現在を結びつけながら考えさせる。その際、自国や外国の食文化をどのように認識していくかの知識・理解の獲得よりも、食文化をどのようにして異なる相手に積極的に伝えていくかの態度の育成に焦点を当てる。また、生徒の学習意欲を引き起こすために、視聴覚資料や写真、実物などを活用する。さらに、自分や他者の考えをまとめたり、表現したりするアクティブなグループ学習などを行い、主体的な学びの機会を与える。

（5）学習目標

① 箸の歴史や比較を通して、自国の文化や伝統に誇りを持ち、文化は交流の中で伝わり、創造され、発展していくことが分かる。【知識・理解】

② 自分とは異なる文化を尊重し、認め合いながら積極的に交流し、外国と友好的な関係を維持していこうとする態度を持つことができる。【興味・関心・態度】

（6）学習の展開（全3時間）

次	学習内容	教師の主な発問・教授活動	学習活動（・）獲得させたい知識（＊）	資料
1時間目・箸の歴史	世界三大食法と手食	・世界三大食法には何があるか。 ・手食についてどう考えているか。	＊箸、手、スプーン、ナイフ、フォークなど。 ＊食法の違いの背景には、食べ物・調理法の違いがある。 ＊相互理解・尊重・認め合いなど。	表1-1
		文化の交流には相互理解・尊重・認め合いが大切である		
	箸の起源と伝播	・日中韓にはどのような共通文化があるか。 ・なぜ、手に代わって箸を使うようになったか。 ・日本・中国・朝鮮半島（韓国・北朝鮮）はいつ頃から箸を使うようになったか。 ・中国で発祥した箸はなぜ日本や朝鮮半島で使えるようになったか。 ・中国の箸はどうやって朝鮮半島や日本に伝わったか。	・人種的近さ、漢字文化圏、米食、箸食など。 ＊火の発明－人の知恵、熱いから、つまみやすいから、等々。 ＊中国－約3000年前 　　　　（箸の発祥地） 朝鮮半島－約1800年前 日本－約1500年前 ＊盛んな交流があったから。 ・経済の発達による国や人々の交流など。	PPT

第1章　箸の文化はどのように発展してきたか

1時間目・箸の歴史	箸の語源	・日中韓は箸をどのように呼ぶか。なぜそのように呼んだか。	・日本－「はし」→「つなぐ」 ・中国－「筷子」→「速く」 ・韓国－「저」→漢字「箸」の韓国語の発音 　　　　「가락」→「細長い」	PPT
		・人々は箸を文化としてどのように発展させたか。（箸にはどのような思いや願いが込められているか。）	＊箸は、人の願いを伝える、人の心をこめる、人と人をつなぐなど。 ＊自文化と他文化をつなぐ。 ＊食文化の発展とともに工夫されてきた。 ＊箸には人々の思いや願いが込められている。 ＊祭事から食事へと発展された。 　　　　　　　　　　　　　等々	
	文化は人やモノの交流を通して伝わる			
2時間目・箸の比較	箸の比較	・日中韓の箸はどのような特徴（共通点・相違点）があるか。	・グループで、日中韓の箸の共通点、相違点を探す。（視点：長さ、形、種類、材料など）	日中韓の箸、食器、食卓風景の写真等
		・なぜこのような特徴（特に違い）があるか。	・食卓の配膳や食器などから理由を考える。 ＊社会、制度や人々の生活様式の違いなど。 ＊文化の統一性と多様性 　→変わる文化（文化の創造）	
	箸の体験	・3カ国の箸を使って豆をつまみる体験をさせる。	・体験を通して「違いを認め合うこと」の可能性を再認識する。 ・体験後の感想を書く。	
	文化は社会・制度や人々の生活様式によって新しく創られる			
3時間目・箸の文化	箸にかかわる文化	・それぞれの国の箸にかかわる慣用句やマナーを例示したカードを提示する。	・カードを日本・中国・韓国に分類する。 ＊文化は人々の願いや智恵によって、その国独自の文化として新しく創られ、続けられていく。 　→文化の伝統と継承	カード、ワークシートなど
		・日中韓で共通するもの、それぞれ違うものをグループで話し合い、その理由を考えさせる。		
	伝統文化は受け継ぐべきであり、絶えず新たな伝統を生み出し、優れたものは世界に発信していく			
	振り返り	・これまでの学習を振り返り、東アジア3カ国は友好な関係を続けながら、仲良く交流していくために何が必要であるかを考えさせ、感想を書かせる。 ・感想を発表させ、みんなで共有できるようにする。	・全般の学習を通して、気付いたこと、考えたことを書く。 ・感想を聞き、他者の考えと交流し合い、自分の考えを深める。	

3. 授業の様子と生徒の感想

1時間目では、「世界三大食法」を切り口にして世界には「手食文化」の割合が最も大きいことに気付かせ、「手で食べること」について自分の意見を発表させた。その後、世界三大食法の特徴・地域と文化的背景について説明し、それぞれには合理性があり優劣はないこと、文化の交流には相互理解・尊重・認め合いが大切であることを気付かせた。次に、箸の文化は日中韓の共通文化であることに気付かせ、人類はいつ頃から箸を使い始め、中国で生まれた箸はどのようにして日本や韓国で使われるようになったかを箸の起源から考えさせた。最後に、箸の語源を中心に3カ国は箸をどのように自分の文化として発展させたかを理解させた。本時では、異なる文化は互いに認め合うことが必要であること、日中韓は古くから友好的な交流があったこと、文化は経済の発展による国や人々の交流を通して伝わっていくことなどを理解させた。

生徒の既存知識の状況を把握し、授業後の知識の獲得や考え方の変容を明らかにするため、本時の授業前後に同じ内容で調査を行った。その結果をまとめたのが表1-2である。表から、生徒の考え方が授業前と授業後に変容があることが分かる。特に手食については、授業前は「不衛生的」や「食べにくそう」などのように「否定的」な考え方を持つ生徒が多かったが、授業後は「しっかり認め、尊重し、相互理解することが大切である」のように「肯定的」な考え方が増えたことがみてとれる。それ以外、世界三大食法や箸の発祥地、箸の語源などの理解が授業前より深まったといえよう。

写真1-8 授業の様子

2時間目では、5つのグループに分けて二つの活動を行った。一つ目は、3カ国の箸を比較し、共通点と相違点を探し、それは「なぜか」を考えさせた。まず、箸の写真（写真1-2、1-3、1-4）を提示し、それぞれがどの国の箸であるかを判断させ、その理由を書かせた。次に、写真にある箸の実物を配り、長さや形、材料などの視点から比

第1章　箸の文化はどのように発展してきたか

表1-2　授業前後のアンケート結果からみる生徒の変容

質問項目		授業前	授業後
1．あなたが日ごろ食事をするときによく使う道具は次のどれか選びなさい	お箸	20人	20人
	手	0人	0人
	ナイフとフォーク・スプーン	0人	0人
2．世界三大食法の中で、最も多いのはどれか選びなさい	箸食	1人	17人
	手食	3人	2人
	ナイフとフォーク・スプーン食	16人	1人
3．手食について、あなたはどう思っているか？		抵抗はあるが、その国の文化なのでよいと思うけど、とても不便で衛生的に心配（7）／食べにくそうで、不衛生的なのであまり望ましくない（12）／宗教的・文化的な問題だから手で食べるという文化もよいと思う（1）など	その国の文化なので、しっかりと認め、尊重し、相互理解が大切（12）／不衛生的（6）／不便で食べにくそう（2）など
4．箸はどの国から生まれたか？		日本（9）／中国（9）／その他（2）	日本（1）／中国（19）／その他（0）
5．日本以外、主に箸（あるいはスプーン）を使って食事をする国を挙げなさい		韓国、中国、台湾などのアジア諸国、サウジアラビア、アメリカ	韓国、中国
6．日本で「箸」を「はし」と読む理由はなにか？		食べ物と口を結ぶ橋のようなものだから（3）／いつも端のほうにおくから（3）／箸の端で食材をつかんで食べるから（6）／「竹」と「者」と書くので、竹の棒で物をつかむから（2）／分からない（6）	食べ物と口を結ぶ橋のようなものだから（13）／食べ物と人をつなぐから（4）／無回答（3）
7．日本以外の国の箸をみた（あるいは使った）ことがあるか？　また、使ってみたいか？		使ったことがない（18）／みたことがある（2）／使ってみたい（12）／使ってみたくない（6）／無回答（2）	使ったことがない（18）／みたことがある（2）／使ってみたい（14）／使ってみたくない（4）／無回答（2）

注：（ ）の数は人数をあらわす。本調査は、授業の前後に同じ内容で行ったものである。なお、生徒の記述に関しては内容が類似しているものをまとめて示している。

較させ、3カ国の箸の特徴（違い）を発見しまとめさせた。その後、3カ国の食卓風景の写真と食器（写真1-5、1-6、1-7の実物）を配り、それぞれどの国のものであるかを判断させ、これらと結びつけながら3カ国の箸はなぜこのような違いがあるかを考えさせた。最後に、3カ国は同じ箸を使っていながらも違いが生まれた理由を討論させた。毎回の思考・判断活動においては、各グルー

第Ⅰ部　食文化でひろがる東アジア

プでまとめた意見や考え方を代表者が発表することでクラス全員が共有できる
よう心掛けた。二つ目は、表1-2の事前調査からみると、日本以外の箸を使っ
てみたいと思う生徒が半数以上だったので、それぞれの国の箸を使って30秒
以内に何個の豆が運べるかというゲームを行った。そして、箸を体験した後、
感想を書かせた。以上の活動を通して、伝わった文化はそのまま受容されず、
その国の社会や制度、人々の生活様式や習慣によって新しく創られ、独自の文
化として発展していくことを生徒たちに理解させた。

　各グループがワークシートにまとめたものを表1-3のように整理した。表から
みると、生徒たちは箸の比較を通して、自国の文化や共通点については普段の
生活経験の中で理解され、容易に受け入れられたが、他国の異なる文化につい
ては、その国の生活様式や生活習慣、社会などと結びつけながら自分なりに解
釈する過程で様々な見方・考え方を持つようになったと思われる。また箸の体
験を通して、自分にとって不慣れな外国の箸は使いにくかったが、その国の立
場から考えると認めるしかないというような意見も出たので、ここで再度異なる
文化への相互尊重・認め合いの認識や態度を深めていったことがうかがえる。

　3時間目では、日本・中国・韓国の箸にかかわる慣用句やマナー、昔ながら
の風俗などを例示したカードを提示し、それぞれはどの国を指しているかをグ
ループごとに討論し、分類させた。生徒の様子からみると、自国のものはすぐ
分類できたが、中国や韓国のものは意見が異なったり、判断が難しかったりし
て戸惑いがあった。しかし、課題や活動に興味・関心を持ってグループ学習に
積極的に参加していた。その後、教師側からカードを整理し、説明することで
それぞれの国の伝統文化を確かめた。活動を通して、生徒たちが自国の文化と
同じようにみえながらも微妙な違いがあることに気付き、箸はただ食べるため
の道具として存在せず、文化的意味を持ってその国の独自の伝統文化として創
り上げられ、継承されてきたことを理解させた。さらに、箸に込められている
その国の人々の願いや知恵を互いに認め合い、尊重しようとする態度を持つこ
とが重要であることを再認識させた。

　最後に、これまでの3時間の授業を振り返り、「東アジア3カ国は友好的な関
係を続けながら、仲良く交流していくために何が必要であるか」を問いかけ、自
分の考えや気付き、感想を書かせた。表1-4は、生徒の感想文をまとめたもの

第1章　箸の文化はどのように発展してきたか

である。表1-3と結びつけて表1-4をみると、箸の違いが生まれた理由や異なる文化を理解し認め合うことの大切さ、仲良く交流することの大切さ、文化は伝わり、創られながら発展していくことなど、本実践の【知識・理解】のねらいをある程度達成できたことが分かる（下線部）。また、相手の国を相互理解・尊重し、認め合いながら積極的に交流していこうとする態度や、その国の文化を積極的に取り入れようとする態度（下線部）が読み取れたことから、【興味・関心・態度】の目標もある程度達成できたと考えられる。しかし、外国との友好的な関係を創っていくためにはどのようにすればいいのかを、協力や協調などの言葉につなげて考えるところまで至らなかったことが課題として残されている。

表1-3　生徒のグループ学習におけるワークシートのまとめ

活動内容		1班	2班	3班	4班	5班
どの国の箸か？	日本	箸置きがあるから	可愛さがあるから	よく見ている箸だから	箸のみで先が細いから	日本人の手にしっくりくるから
	中国	火を使った料理が多いから	長いから	長くて太いから	レンゲとセットになっているから	形がいびつ（歪）だから
	韓国	韓国料理を食べに行ったら金属製の箸だったから	ビビンバを食べに行ったら金属製のスプーンがあったから	韓国ドラマでみたことがあるから	スプーンとセットで金属製だから	金属でできているから
3カ国の箸にはどのような特徴があるか？	日本	先が細い　木製スプーンを使わない	短い　丸い　木製スプーンを使っていない	短い　先が細い　木製　スプーンを使わない	短い　すべり止めがある　先が細い	短い　丸い
	なぜ	・細かいものを挟むから ・滑りやすいものが多いので短い箸のほうが力が加わりやすいから ・個人で同じものを同じ量で食べるし、小さい食材が多いから	・一人一膳だから ・魚を食べることが多いので、骨をとりやすくするため先が細い ・食べる人のすぐ手前に食べ物があるので短い	・食べ物が自分と距離が近いから短い ・魚の骨がとりやすいように先が細い	・一人ずつ分けられているので、手を伸ばす必要がない ・細かいものをとるために先が細い ・「点」としてつかめるようにするため	・軟らかいものがつかみやすく、食べ物をつぶれないようにするため ・魚の骨をとりやすくするために、箸の先が細い ・小さいものをつかみやすい
	中国	先が丸い　木製スプーンを使う　長い	長い　木製スプーンを使う	長い　先が太い　木製　スプーンを使っている	長い　先が太い	先が太い　長い
	なぜ	・みんなで分けるから長い ・みんなで違うものを好きな量だけ食べることができる ・一人一人に料理がなく、みんなで同じものを分	・真ん中に料理が置いておるので食べる人から遠いので箸が長い ・おもてなしで隣の人にとってあげるので、先がとがっていると危ないから	・食べ物との距離が遠いから長い ・お皿が大きく、料理を取り分けて食べるから長い ・おもてなしするため、隣の人に取り分けてあげるので先が丸い	・一つのテーブルで食卓を囲むから長い ・遠くにある料理をとりやすくするため長い	・遠いところの食べ物をとりやすくするため長い

25

		けながら食べるから ・料理をとりやすくするために長い				
	韓国	平べったい 金属製 スプーンを使う	短い 平たい 重い 金属製 スプーンを使う	長さは真ん中 平たい 重い つるつるする 金属製 スプーンを使う	重い 平たい 金属製	平べったい
	なぜ	・スープや熱いものなどスプーンを使うものが多いから ・スープ系のものが多く、スプーンを使わないと、食べにくいから	・キムチなど野菜を多く食べるので平たい ・海苔とか平たいものが食べやすい	・キムチがつかみやすいように平べったい ・自国の生活様式、文化に合わせてつくるから	・スープ類の料理が多いため、木製だと衛生的によくないから金属製になっている ・料理の種類が多く、細かいほうがとりやすい ・野菜などをとりやすくするため ・「面」としてつかめるように ・木製だと衛生的でないから	・スープが多いので、スプーンなどで食べやすい ・キムチなど薄いものがつかみやすい
どの国の食卓風景か？	日本	箸を横に置く 一汁三菜だから	和食 一汁三菜だから	食べ物が近い 生の魚を食べている	一汁三菜 小分けしている	一汁三菜
	中国	回転テーブルでご飯をシェアしているから	箸の置き方が縦になってる	ターンテーブルがある	一つのテーブルになっている	ターンテーブルがあるから
	韓国	キムチがあって金属製のスプーンと箸を使っているから	キムチがある 赤い色が多い	キムチを食べている	辛味の料理がある	キムチがあるから
なぜ違いが生まれたか？		・食べる形式や食材が違うから ・自国にあった文化を創ったから ・食べる料理と形式がそれぞれ違うから ・それぞれの国の生活様式が違うから	・食べるものや食器の位置によってより食べやすいように改善されているから ・自国の文化に合わせて作られているから	・それぞれの国の生活様式、文化に合わせることで違いが生まれる ・食文化が違うから	・それぞれの国が自国の文化に合わせて工夫を凝らして変化したから ・自国の文化にあうものを創っていくから	・その国の文化の違いで、その国に合ったようにつくられているから
箸を使ってみよう	日本	使い慣れた日本の箸がやりやすかった	先が細いから難しかった	使い慣れたのでとりやすかった	先が細くてつかみやすかった	いつも使っているのでつかみやすかった
	中国	中国は思ったより使いやすかった	先が丸くて、一番使いやすかった	太くて、取りやすかった	掴む面積が広かった	先が丸くてつかみやすかった
	韓国	韓国は滑ってつかみにくかった	平たいし、滑るからとても難しかった	平たいし、重いし、滑ってとりにくかった	滑りやすくてつかみにくかった	いちばんとりにくかった
	その他（感想）	・いろんな国の箸が体験できてとてもよかった ・その国の箸なので不便でも認めてあげる ・韓国の箸はいちばん使いにくかったけど、その国に合わせてつくられたもので韓国人は使いやすいと思う ・ほかの国の箸は使いにくかったけど、その国の立場から考えないといけない				

第 1 章　箸の文化はどのように発展してきたか

表 1-4　生徒の感想

- 他文化の尊重、外国人と仲良くするために、お互いの文化を尊重し、相手の国と仲良くする。
- お互いの文化を教える。相手の文化に興味を持つ。
- 他国の文化を否定するのではなく、尊重し合い、その文化にはどのような意味があるのかを理解して交流していこうと思う。
- 仲良く交流するためには、その国の食べ物を食べたり、今回みたいに箸の体験をしてみたりするのは良いと思う。それによって、お互いの国を理解し尊重していくことで交流がうまくできるのだと思う。授業を振り返って、お互いの国の生活様式、食文化によって箸などに違いが生まれることが分かった。
- 中国や韓国と仲良くするためには、それぞれの良いところを認め合って文化交流の機会を増やす。中国からは中国料理など、韓国には K-POP などがあるので、ほかにもたくさん取り入れられるところもある。だから、尊重し合える関係にしていきたいと思う。日本から積極的に交流をしてほしい。
- 相手の国の文化を知って、その文化を尊重し、相手の国の文化と自国の文化を交流し合う。そして、お互いの文化を工夫し、自国の生活様式に合わせて交流を深める。他の国と違うところを交流し合い、自国の生活に合わせて変えていくことが分かった。
- 仲良く交流していくためには、ほかの国の文化を尊重していかないといけないことが分かった。他の国のことを悪く言ったりせず、互いに理解しあうことが大切だと思う。
- いろいろな文化を受け入れ、変化発展させ、尊重していく。互いの文化を理解していく。
- それぞれの文化は大切であることが分かった。他の国の文化を理解していきたい。お互いの文化を交流し合い、文化を学んでいく。
- 相手国の食文化を理解し、実際にその食文化に触れてみる。文化を互いに理解し、認め合っていく。
- 自分たちの国の良いところをいっぱいアピールする。他国の文化を認め受け止める。日中韓でそれぞれが他国を訪れ、その国の文化を楽しみ、実際に学んでいくことで理解し合っていく。
- 互いを理解しようという気持ちをもち、他国の文化を否定しないこと。
- 異なる文化を尊重して、差別することなく交流することがいいということが分かった。
- 自国の文化だけを広めていくのではなく、他国の文化にも触れてよい部分を多く広めていくことが大切だと思った。

第Ⅰ部　食文化でひろがる東アジア

- ・お互いの文化を尊重し合い交流をしていくことが大切であり、<u>後世へ伝えること</u>が大切だと思った。相互理解し、尊重し合い、分かり合うこと。
- ・他の国の文化を尊重し、その文化を理解することが大切だと思う。文化を発展させ、伝えていくことが大切で、<u>交流を通して文化が伝わっていくことが分かった</u>。
- ・お互いの国の文化を知り、理解して尊重していくことが大切。<u>それぞれの国にある独自のものの良さを分かち合い、認め合うことで交流も深まる</u>と思うので、見た目と形だけで「使いにくそう」とか「あんまり好まない」と決めつけないで、積極的に使ったりしてみようと思った。
- ・ほかの国の文化を理解し、国の違いなどを知って、<u>自分の国に合ったものにして積極的に取り入れていくことで異なる文化の交流ができる</u>と思った。
- ・他の国の文化を理解し、他の国の文化を尊重し合いながら、認め合っていくことが大切だと思う。<u>外国人と仲良くしていろんなところで交流していく</u>。文化は伝わり、創っていくことで変化していく。異なる文化と仲良くしていくためにはコミュニケーション能力とかが必要になる。
- ・ほかの国の文化を知り、理解し、交流して伝えていくことで<u>文化が広がっていくことが分かった</u>。交流してお互いに認め合うことが大事だと分かった。<u>お互いに国同士が交流する機会をつくって、コミュニケーションをとっていくことが大事だ</u>と考えた。

注：下線部は筆者による。

おわりに

　本授業実践は、生徒にとってより身近である箸を素材としたため、予想どおり親近感を持ってより深く考えることができたこと、表やPPT（パワーポイント）、写真などの視覚的資料、手に直接ふれることのできる実物などを提示し、生徒の興味・関心を引き起こしたこと、体験活動やグループ活動のような主体的な学びを重視したことなどについては成果があったと考えられる。しかし、授業時間が少ない中で学習内容の量が多かったので、生徒にゆっくり考えさせる時間が足りなかったり、生徒の発表を教師側から整理することで認識を深めさせたりすることはできなかった。また、伝統文化は誇りを持って守り、ただ受け継ぐだけではなく、絶えず新たな伝統を生み出す努力が重要であること、友好的な関係を維持するために必要なことなどについてじっくり考えさせるに

は不十分であった。これらは今後の課題としたい。

　以上から、課題は残されているものの、箸は生徒たちに日中韓の友好関係、さらに東アジア地域の友好関係を維持していくことの重要性を考えさせる上で適する教材であり、また日中韓のどの国でも実践可能な教材でもあるといえよう。

　本章では、長い歴史の中で政治的、文化的、社会的な交流を続けてきた日本と中国、韓国の箸を中心として取り上げ、生徒たちに東アジア地域の文化に対する相互理解を高め、今後更なる交流の必要性を認識させることをねらいにした授業実践を行い、その結果を分析した。今後は、日中韓の箸のみにとどまらず、東アジア地域全体を視野に入れ、多様性の中の共通性、共通性の中の多様性に焦点を当て、様々な文化を学ばせ、理解させていくことが必要であろう。このような相互理解・連帯感の進展は、東アジア地域の経済と文化の交流を一層進展させるとともに、東アジア地域における共通文化を創っていく可能性も生むのではなかろうか。

〈参考文献〉
・石毛直道（1980）『食卓の文化誌』文藝春秋。
・石毛直道・鄭大聲編（1995）『食文化入門』講談社。
・宇都宮通子・五島淑子（2009）「箸の『伝統型』の持ち方習得のための指導方法と中学校生徒の反応」『山口大学教育学部附属教育実践総合センター研究紀要』第27号、pp.71-83。
・佐々木道雄（2002）『韓国の食文化—朝鮮半島と日本・中国の食と交流』明石書店。
・周達生（1991）『東アジアの食文化探検』三省堂。
・———（1989）『中国の食文化』創元社。
・鄭大聲（1992）『食文化の中の日本と朝鮮』講談社。
・本田總一郎（1978）『箸の本』柴田書店。
・真下弘征・向山玉雄・榎本佳（2007）「『箸の授業』をいかに創るか：小学生と大学生における箸つくりの授業実践」『宇都宮大学教育学部教育実践総合センター紀要』第30号、pp.307-316。

第Ⅰ部　食文化でひろがる東アジア

第2章

あなたの街のカップ麺はなに味？

金　玹辰

はじめに

　社会科教育においては、「食」を教材とすることは珍しくない。中でも稲作や米は代表的な教材であり、小学校5学年の産業学習では稲作の様子や自給率などについて学び、小学校6学年や中学校歴史的分野においては日本への伝来について触れている。特に、食のような身近なモノを素材にして歴史のプロセスを考えることは、過去と現在を結び付け、歴史のセンスを育成することにつながる（宮崎、2004）。また、食がどのように伝播・受容され、地域の文化として変容されてきたかを明らかにすることは、国際理解教育においても重要な教材となる（大津、2012）。

　国際理解の視点を踏まえ、中学校社会科における東アジア交流史の教材として、本章では「昆布」を扱う。昆布の原産地は北海道や朝鮮半島の北部であり、昔から東アジアを中心に交易が活発であったため、地域の観点から国の枠を超え、東アジアとのつながりまでを考えることができる教材である。まず、昆布の原産地である北海道という地域史の観点から東アジアとのつながりを考えるために、東アジアの日中韓3国における昆布の名称、伝播と交易を確認し、教材の背景を明らかにする。次に先行授業においては昆布がどのように用いられているかを調べ、開発した本教材の独自性を明確にしておく。さらに、韓国で行った授業の指導案を提示し、授業の様子と生徒の感想から教材研究と授業実践の成果と課題を明らかにする。

30

1. 教材の背景

1-1. 東アジアにおける昆布

　日本語の昆布の語源については、①広布（音読みのコウフ）という日本語起源説、②コンボ、コンプのアイヌ語起源説、③綸布の中国起源説がある。中国の歴史書においては、昆布とみられる様々な表記があるが、「海帯」と「昆布」、二つの表記が代表的なものである。「コンブは昆布ではなく、ワカメこそ昆布だ」、すなわち日本の昆布は中国の海帯であり、中国の昆布は日本のワカメに当たるという（大石、1987）。現在韓国では「다시마」というハングル表記を使っているが、古い文献の記録をみると、昆布や海帯、多士痲・多士麻などの漢字で書いたものもある。例えば、「海帯と昆布は同じ多士痲であり（『攷事十二集』、1787）」、「昆布は北海産が一番良く、多士麻、大藿はその次である（『屠門大嚼』、1611）」、「昆布の小さいものを方言で多士麻という（『經世遺表』、1817）」という記録がある。

　現在、日本、中国、韓国、北朝鮮の4国が、世界における昆布生産量のほとんどを占めている。1960年代より日本、中国や韓国において本格的な養殖が開始されている。2008年現在のシェアは、中国が78.6%、北朝鮮が8.8%、韓国が5.6%、日本が2.4%となっている（江・李・婁、2011）。中国では、1930年代に大連、煙台で昆布の養殖に成功し、昆布養殖の時代が開かれ、現在世界一の昆布生産国となっている。しかし、昔の中国では、内陸のヨード不足を原因とする甲状腺の病気に効く薬膳として昆布が重宝され、朝鮮半島や日本から伝わった。元々寒流系の褐藻類である昆布は、日本では宮城県以北の太平洋岸と北海道全域の海に分布し、とくに北海道が主産地である。朝鮮半島では、本来元山より北部だけで生産されたが、北海道産を移植し養殖した結果、江原道と慶尚道北部沿岸でも生産されるようになった。[1]

　歴史的にみれば、国境が定められていなかった時代において、昆布は取れる地域から取れない地域、すなわち海から大陸へ、北から南へ伝わったモノである。例えば、韓国の歴史でも、『三国志』「魏志東夷伝」の東沃沮条には、沃沮

1）『新増東国輿地勝覧』（1530）「土産条」には、慶尚道と咸鏡道の海草類として、昆布と塔士麻が挙げられている（姜、2000、pp.233-235）。

第I部　食文化でひろがる東アジア

人が高句麗に「租賦として貊布（麻布）」を捧げたという記録があり、これが昆布ではないかと言われている[2]。三国時代の朝鮮半島から唐（中国）へ海草類を送ったという記録があるものの、それが昆布であるかは確かではない。渤海と統一新羅の時代になると昆布を送ったという記録が出る。例えば、『南海薬譜』では新羅人が昆布を採取して輸出したと書かれている[3]。また『新唐書』「渤海伝」では、特産物として南海の昆布が挙げられている。

　15世紀以降の東アジアは、明（中国）を中心とする朝貢制によって、ヒトやモノの交流が行われた。この時期の蝦夷地は、アイヌの人々による明との朝貢貿易をはじめ、様々な地域との交流を行っていた。アイヌが明に貢ぎ物として何を持っていったのかは確かではないが、クロテンの毛皮や矢羽根に用いる鷲や鷹の尾羽根を貢ぎ、それに対して明は絹の衣服などを与えたと思われる（中村、2012）。本州（日本）との交易では、鮭とともに昆布が重要な品物であった。さらに、蝦夷地の昆布は朝鮮にも伝わった。夷千島王遐叉は、1482（成宗13）年に朝鮮に対して大蔵経を求める使者を送った名義人である。『成宗実録』[4]によると、日本国王と称した足利義政の使いに同行して夷千島王使が「昆布200斤」を含む進物を持って訪朝した。夷千島王遐叉の正体を巡っては、高橋公明（1981）がアイヌの部族長説を唱えたことを契機に活発に新説が発表され、現在は海保嶺夫（1982）、遠藤巌（1999）の安東氏説、村井章介（1987）、高橋公明（1992）による安東氏の存在を前提とした偽使説、長節子（1994、1995）による対馬島人による偽使説など、様々な説が並立している。夷千島国は西辺で野老浦（オランカイ）と接しているということからも当時の蝦夷地であると考えられる。このように中世の蝦夷地の昆布は朝鮮にも伝わっていたが、同じ時期に朝鮮も明（中国）へ昆布を送っていたという記録がある。『成宗実録』には明へ送った進貢物として、1477（成宗8）年に昆布300斤、1478（成宗9）年に昆布400斤、1480（成宗11）年に昆布400斤、1481（成宗12）年に昆布200斤と記載されている。このような朝鮮における昆布の輸出は、17世紀以降清との間にも続き、1838（憲宗4）年、中江鎮に設けられた市場を通した公的な取引

---

2)　前掲書、p.74。

3)　同上、p.152。

4)　韓国の国史編纂委員会の「朝鮮王朝実録（http://sillok.history.go.kr/main/main.do）」より検索可能である。

の中で、昆布は 1 万 5775 斤であった（イ、2010）。

17 世紀後半の日本では、これまでの敦賀小浜から陸路で京都・大阪に至るルートに代わって、上方と環日本海地域を結ぶ西廻航路が整備された（荒野、2012）。この航路で、蝦夷地の昆布を本州へ運搬するのを担っていたのは、主に富山の廻船問屋であった。富山商人は松前から北前船で昆布を大阪へ運んだ。さらに、長崎から中国へ昆布を輸出し、その代わりに薬種を輸入した。19世紀中頃、薩摩藩は富山の廻船問屋能登屋が組織する「薩摩組」に昆布を琉球に搬送するよう求め、その代わりに薩摩藩の領内で薬を売ることを認めた。こうして長崎港へは入らずに薩摩藩を経由して琉球に至る、新たな昆布のルートが確立した。琉球に搬送された昆布は、琉球の進貢船で清（中国）へ輸出することになる。那覇港の中心地には、昆布取引の拠点とされた「昆布座」とよばれる役所が設けられた。進貢船の積荷は昆布が 70 ～ 90% を占め、1 隻で約 10トン、年間 90 ～ 100 トンの昆布が輸出された（松尾、2010）。しかし、近代以降ペリーの通訳として来日した広東の中国人羅森の情報により、函館から直接昆布が中国にもたらされるようになった。

1－2. 日本の中学校社会科教科書（歴史的分野）における昆布

表 2-1 のように北方交易品としての昆布は、教科書によって多少の差はあるものの、国際交流の観点から中世の東アジアとの交流や近世の鎖国下の対外関係において登場する。大部分の教科書記述は、アイヌの人々が樺太を通して、大陸の沿海州地方との交易を行っていたこととともに、主に今の北海道南部に住んでいた和人との交流において、昆布などの海産物を本州へ輸出したという内容になっている。中世と近世という時代による記述差異はあまりない。

一部の教科書においては、日本の国内の経済発達という観点から、江戸時代における水産業や流通の発達に関連して、蝦夷地の昆布が本州へ運ばれることについて触れている。特に、帝国書院の教科書においては、「昆布ロードと北前船」という特集ページを設けて、「昆布は蝦夷地（北海道）と大阪を結んでいた北前船によって運ばれ」たこと、薩摩藩が「江戸時代後期になると、北前船によって蝦夷地から運ばれる昆布に目をつけ」、「富山から昆布を仕入れ、琉球を通して清に昆布を」送ったことを記述している。2008 年度版学習指導要領

第Ⅰ部　食文化でひろがる東アジア

表2-1　中学校歴史的分野教科書における昆布関連記述

学習指導要領（2008）	教育出版（2011）	帝国書院 （2011）	東京書籍 （2011）
(3) 中世の日本 ア　東アジアの国際関係	第3章　中世の日本と世界 2　ゆれ動く武家政治と社会 ⑨北と南で開かれた交易－琉球王国とアイヌ民族 **北方の交易**：十三湊は、北方の海上交通の中心部となり、蝦夷地の鮭や<u>こんぶ</u>、東北地方の米などが、遠く京都まで運ばれました。	第3部　武家政権の成長と東アジア 2章　武家政権の内と外 4．琉球とアイヌの人々がつなぐ交易 **アイヌの人々との交易**：北方産のさけや<u>昆布</u>・毛皮などが日本海交通にとって京都などへ送られていきました。	第3章　中世の日本 2節　東アジア世界とのかかわりと社会の変動 3．東アジアとの交流 **アイヌ民族の交易**
イ　鎖国下の対外関係 →　中国との交易のほか、朝鮮との交流や琉球の役割、北方との交易をしていたアイヌ	3　幕藩体制の成立と鎖国 ⑨開かれ窓－江戸時代の国際関係 **アイヌ民族と松前藩**	3章　武士による支配の完成 4．琉球王国とアイヌの人々への支配 **蝦夷地への窓口**：アイヌの人々は、漁や狩りを行ってにしん・さけ・<u>昆布</u>などの海産物と毛皮などを渡島半島や東北地方まで運び、米・木綿・鉄製品などと交換していました。**アイヌの人々の生活**	2節　江戸幕府の成立と鎖国 4．鎖国下の対外関係 **アイヌ民族との交易**
ウ　産業や交通の発達	4　経済の成長と幕政の改革 ⑪将軍のお膝元、天下の台所－経済の発達と都市の繁栄	4章　天下泰平の世の中 2．新田開発と特産物の広がり ・各地のおもな特産物：にしん・さけ・<u>昆布</u> **昆布ロードと北前船** 　現在、1世帯あたりの昆布の消費量は富山市が全国1位です。また、沖縄や関西でも昆布は料理に欠かせない食材です。しかし、昆布は多くが北海道で生産されます。その昆布を使った料理が北海道からはなれた地域にもあるのはなぜか、みていきましょう。 　①北と南をつないだ北前船 　②富山の薬売り 　③昆布と薩摩藩の借金返済	3節　産業の発達と幕府政治の働き 4．産業や諸産業の発達 ・水産業；蝦夷地（北海道）ではにしん漁や<u>こんぶ</u>漁がさかんになりました。 **アイヌ民族の歴史－松前藩とアイヌの人々**：こうした家臣たちは、本州から米や酒などを仕入れ、さけや<u>こんぶ</u>、毛皮などと交換し、松前の城下に集まる本州の商人に売りました。

筆者作成

中学校社会歴史的分野では、日本史の大きな流れを中心に内容が構成されており、その背景として世界史について触れることになっている。以前より世界史の比重は増えたものの、日本史との関連が少ない内容についてはあまり扱うことができない。そのため、鎖国下の「四つの口」の一つである松前藩とアイヌの人々との交易や経済の発達に伴う各地の特産品の流通や交通の整備などと関連して、蝦夷地の昆布について触れることが多い。日本の国内だけではなく、中国（清）との交易に言及した教科書もある。しかし、朝鮮半島との関係で昆布が登場することはない。

2．教材化に向けて

2－1．昆布に関する先行実践

　昆布を教材に用いた授業としては、中世の北方交易を扱った上田（1992）、江戸時代の国際関係を中心とした松尾（2010）の実践がある。

　まず、上田の実践は高校日本史の授業（3時間）である。1時間目では、日本列島の南北を逆転した地図、志海苔古銭の写真や銭貨名のリストという資料から、15世紀の函館を中心とする東北アジアを考える。続いて2時間目では、15世紀の函館になぜ大きな富が集まっていたかという問いから、北方交易の様子について学ぶ。3時間目においては、15世紀におけるアイヌと和人との関係を取り上げる。具体的にはコシャマインの戦いを取り上げ、和人による欺瞞的交易や和人館主によるアイヌの自主的な交易の制約などを学ぶ。近年、中世の北方交易については、今の国の枠を超えた自由な交流圏が構築されていたという研究はあるものの、具体的な交易品についての史料はあまり見つけられない状態である。上田の授業実践においても、『アンジェリスの第一蝦夷報告』（1618）のように異なる時代の史料を使っている。その意味で、前述した夷千島王遐叉の記録（1482）は、当時の北方交易を考える際に貴重な史料になる。

　次に、中学校歴史的分野の松尾の授業実践（5時間）である。この授業実践は、「鎖国」以後の国際関係の変化を理解するために、「消えゆく日本町―鎖国成立への経緯を知る―」、「捕物頭弾左衛門のしごと―身分制や民衆支配の様子を知る―」、「米は天下の回りもの―米作りと米の流通の様子を知る―」、「三井越後屋の商い―貨幣経済の発達について知る―」、「昆布ロードのなぞを追う」という5

第Ⅰ部　食文化でひろがる東アジア

時間の単元構成になっている。昆布を扱う5時間目の授業が本時である。松尾の実践は、昆布という教材を通して、江戸時代の交通網と流通の発達ととともに、鎖国下の国際関係を学ぶ。松前、長崎、琉球という三つの口が登場しているが、松前藩とアイヌとの交易は深く扱われてはいないまま、長崎や琉球を通した日本と清との交易関係を理解することが中心となっている。最後には、清と琉球との貿易を通して伝わって来た食材としてサツマイモを挙げ、沖縄では唐イモ、鹿児島での琉球イモと呼ばれていることにもふれている。

2―2．教材化の新たな視点

（1）地理的・現代的な視点の導入

　前述したように昆布を使った歴史の授業実践はいくつか見られる。それに比べ、本実践においては歴史を背景とした地域文化の多様性を学ぶ地理あるいは公民の授業を想定して教材を開発した。具体的には、生徒の馴染みある食材としてカップ麺を用いて、そのスープの味に昆布ダシを使う地域とそうではない地域を調べることで、食文化による日本の地域区分を学ぶ教材である。

　作成した教材を通して、生徒はカップ麺のスープの味が販売地域により西と東に大きく異なることに注目し、生活・文化による日本の多様な地域区分を学ぶことができる。2008年度版学習指導要領中学校社会地理的分野においては、地域区分を取り上げ、日本の地域構成を大観させる内容がある。その解説においては、「例えば、西日本と東日本というように日本を二分してとらえたり、西南日本（西日本）と中部日本（中央日本）と東北日本（東日本、北日本）というように区分してとらえたり、これまで経験的に地理学習でよく使われてきた九州、中国・四国、近畿、中部、関東、東北、北海道の七地方に区分してとらえたりすることなどを意味している。また、例えば中部地方を北陸地方、中央高地、東海地方に分けるように、七地方区分の各地方を幾つかに分ける区分もみられる」と述べられている。さらに、この内容について教科書では生活・文化による地域区分の例として、雑煮に入れる餅の形の分布が例として挙げられている。

　カップ麺のスープの味は、主に関東ではかつおダシ、関西では昆布ダシである。例えば、「どん兵衛」は、富山県、石川県、福井県、滋賀県、奈良県、和

歌山県より西は西日本向け、北海道を除くその他東日本は東日本向けを販売している[5]。北海道は、「北のどん兵衛」ブランドで展開している。また、「緑のたぬき」も、かつおダシをベースとする東日本向けは東北、信越、関東、静岡、中京の地方で、昆布ダシをベースとする西日本向けは北陸、中国、四国、九州、沖縄の地方で販売されており、北海道向けでは北海道産利尻産昆布が、関西向けではうるめ鰯が入っている[6]。

さらに、韓国で行った授業においては、カップ麺の日韓比較を追加した。扱ったカップ麺は、「緑のたぬき」と韓国の「너구리」であり、二つの商品名は同じ意味を持つ。つまり、韓国語の「너구리」は日本語で「たぬき」である。しかし、韓国の「너구리」はトウガラシが入った辛いスープで、麺はうどんであり、そばである「緑のたぬき」とは違いもある。だが、「너구리」には韓国産の昆布が入っていることが大きな特徴であり、昆布という共通点から授業を行うことができる。

(2) 日本史から東アジア史への視点の拡大

前述した先行実践ではアイヌの北方交易や琉球の中継貿易について触れているものの、日本の生徒を対象とした日本史の授業という枠組みのため、東アジアという視点は薄くなっている。それに比べて本実践では、韓国の生徒を対象とし、韓国史や日本史の内容を組み合わせた東アジア史を背景として日本の食文化を学ぶことができる教材を開発した。

まず、生徒は昆布に関連する日中韓の歴史的資料を通して中世・近世の東アジアにおける交易を学ぶことができる。昆布の原産地を確認するため、日中韓の資料を用いたが、韓国の生徒が対象であることもあり、選んだ資料は韓国側のものが多い。朝鮮王朝を中心として、琉球、日本（室町）、明との交易の様子を把握することが可能である『成宗実録』を扱い、昆布が日本から朝鮮、朝鮮から明へ送られていたことを理解させる。また、韓国の生徒に馴染みのある『東醫寶鑑』（1613）という漢方書に掲載されている昆布に関する内容を扱い、

---

5) 日清の「どん兵衛」http://www.donbei.jp/kodawari/（2017年9月4日アクセス）

6) マルちゃんの「赤いきつね　緑のたぬき」http://www.maruchan.co.jp/aka-midori/#more（2017年9月4日アクセス）

第Ⅰ部　食文化でひろがる東アジア

食だけではなく薬としての役割にもふれる。

　また、蝦夷地の昆布を本州へ運搬した富山の廻船問屋について学ぶために、北海道から東アジアを眺める逆さ地図を用いる。この地図には、現在の地名だけではなく古い地名も一緒に記入する。ここで注目したいのは、授業を行った高校の所在地である釜山の古い地名である。釜山市のホームページには以下のように地名の由来を紹介する文章（日本語）が掲載されている[7]。

　　1402 年（太宗 2 年）1 月 28 日の『太宗実録』に富山という名称が世に現れた嚆矢であり、『慶尚道地理志』（1425 年）、『世宗実録地理志』（1454 年）、『慶尚道續撰地理志』（1469 年）などには「東萊富山浦」と記述され、1471 年に編纂された申叔舟の『海東諸国記』にも「東萊之富山浦」と記載、同誌の「三浦倭館圖」にも「東萊縣富山浦」と記録されている。この時代の漢字表記は「釜」でなく「富」であった。1470 年（成宗 1 年）12 月 15 日付けの『成宗実録』に釜山という名称が始めて顔を出しているが、1474 年 4 月南悌が描いた「富山浦地図」には相変わらず富山と書いてあるから、この時期には富山と釜山が混用されていたらしい。

　富山（日本）と釜山（韓国）は、歴史的にみれば東アジアの交易において重要な地点である。その二つの地点の地名が「富の山」であったことは、偶然ではなく東アジアの交易を通した地域の繁栄を意味する。関連して、上田の実践でも扱っている函館市志海苔町で発見された多量の古銭にも注目したい。出土された古銭は 37 万 4000 枚以上であり、現在のお金に換算して、約 4 億 3200 万円に相当する。古銭が使われた地域を現在の地図から見れば、日本や中国、韓国、そしてベトナムにまで至っている。このことからも、東アジアの交易を学ぶことができる。

3．指導案

　2016 年 9 月 5 日（月）に釜山大学校師範大学附設高校にて、5 時間目（15 時

---

7)　釜山広域市　https://japanese.busan.go.kr/bshistory（2017 年 9 月 4 日アクセス）

第 2 章　あなたの街のカップ麺はなに味？

写真 2-1　本実践の実物教材

写真 2-2　授業の様子

20 分〜16 時 10 分）の「社会・文化」の授業時間を用いて実践を行った。「社会・文化」は、日本の公民科の「現代社会」に類似する選択科目である。当該高校では 2 学年の選択科目でクラスは性別に分かれており、実践では男子学生 40 人が集まった授業であった。当日の授業では日本と韓国のカップ麺、北海道産の昆布、韓国産の昆布など、実物（写真 2-1）を見せた後、資料に沿って説明し発問を行った。表 2-2 は本時の指導案である。

表 2-2　本時の指導案

	教師の指導・支援	生徒の活動
導入	・知っている日本の食べ物について確認する。 ・同じ名前を使っている日本の「たぬきそば」と韓国の「너구리うどん」を見せる（A）。 ・販売地域によって「たぬきそば」のスープにも**昆布**が入っていることを説明する。 ・ワークシートを配布する。	・知っている日本の食べ物を話す。 ・違いを探して、発表する。 ・韓国の「너구리うどん」に**昆布**が入っていることに注目させる。 ・日本の「たぬきそば」を回して、直接確認できるようにする。
展開 I	・日本地図（B）を提示し、西日本と東日本を区分させる。 ・地図からスープの味が異なる販売地域を説明する。①北海道②東向け③関西④西向け ・昆布が入っていない地域を予想させる。	・日本地図に西日本と東日本の境を描く ・地図から販売地域区分を確認する。 ・予想した地域を発表する。

39

第Ⅰ部　食文化でひろがる東アジア

展開Ⅱ	・昆布に関連する資料（C・D・E・F）を提示し、内容確認させる。	・資料（C）：名称・原産地などを確認する。 ・資料（D・E）：昆布ロード：蝦夷地（北海道）－室町（本州）－朝鮮（韓国）－明（中国）。 ・資料（F）：当時の東アジア交流の範囲を地図から調べる。
展開Ⅲ	・昆布が入っていない販売地域を伝える。 ・「なぜ北海道から遠い西日本で昆布が消費されるようになったか」を聞く。 ・日本における昆布の消費統計（H）を提示する。 ・昆布の消費が最も高い都市（ア）を予想させる。 ・富山を中心に日本における昆布の交易を説明する。富山と釜山の地名を比べさせる。 ・沖縄の郷土料理の写真を見せ、一番南にある沖縄でもスープにも昆布が入っていることに注目させる。 ・「なぜ沖縄では昆布を食べるようになったか」を聞く。 ・昆布ロード：蝦夷地－本州（富山－関西）－琉球－清（中国）。	・理由を予想し、発表する。 ・予想する都市を挙げる。 ・教師の説明を聞きながら、用意された資料を確認する ・理由を予想し、発表する。 ・東アジアにおける交易の様子を地図で確認する。
まとめ	・授業の感想を書かせる。	・授業の感想を書く。

4．授業の様子と生徒の感想

4－1．授業の様子

　1回だけの特別授業にもかかわらず、教師側の発問に対して提示した資料などを用いながら、生徒が自ら考え、発表したりするなど主体的な参加を促すことができた。例えば、知っている日本の食べ物を聞いた最初の発問には、1学年の時に行った関西への修学旅行の経験を踏まえながら積極的に答えていた。導入では、日本のカップ麺を直接調べることができ、積極的な反応を見せた。まず韓国の「너구리」に昆布が入っていることを確認した後、「緑のたぬき」には昆布が入っているかを聞いたが、大抵の生徒は入っていないと答えた。そこでワークシートを配布し、「日本のカップ麺の味と昆布の関係を調べる」と

40

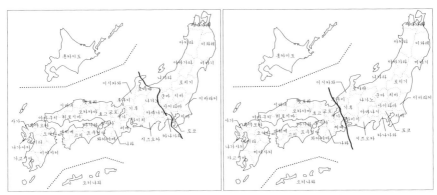

図 2-1　韓国の生徒が描いた西日本と東日本の境界線

いう本時の課題を確認させた。

　展開Ⅰでは、まず日本地図（B）に西日本と東日本を分けてみる作業をさせた。図 2-1 は韓国の生徒が描いた西日本と東日本の境界線の例である。一番多かった区分は、右の地図のように関西地方を基準として西日本と東日本を分けるものであるが、福井や富山などの北陸地方は西日本には入っていないものが多い。一方、左の地図のように、少ないが関東地方を基準として西日本と東日本を分けた場合もあった。生徒には西日本と東日本の境界線が固定されているものではないことを明確にした後、「緑のたぬき」の販売地域を基準として、①北海道、②東向け、③西向け、④関西、という四つの地域区分を地図に示した。販売地域が異なる四つの「緑のたぬき」の中で、一つだけは昆布が入っていないことを伝え、その地域を予想させた。生徒の予想は、②東向けと③西向けに大きく分かれたが、①北海道（1 人）や④関西（5～6 人）を選んだ生徒もいた。このような生徒の予想の中で、どれが正しいかを検証するために、その後の授業では歴史資料を用いた。

　展開Ⅱでは、歴史に関する資料の読み取りを主に行った。具体的には、資料「（C）昆布に関する日中韓の記録」から昆布の原産地が現在の朝鮮半島の北部や北海道であること、薬でもあったことを確認させた。資料「（E）『成宗実録』から見る東アジアにおける昆布の交易」では、蝦夷地（北海道）－室町（本州）－朝鮮（韓国）－明（中国）の昆布のロードを考えさせた。資料「（F）函館市で出土された古銭」を用いて、当時の東アジアにおける交易の範囲を想像させた。

第Ⅰ部　食文化でひろがる東アジア

　展開Ⅲでは、昆布が入っていない販売地域が東日本であることを伝え、なぜ北海道から遠い西日本で昆布が消費されるようになったのかを聞いた。日本史についてあまり知識がない韓国の生徒はこの答えを考えることが難しいようだったので、教師側がその理由を説明することになった。ここで用意したものは、松尾（2010）の実践の「日本における昆布の消費統計（H）」における富山と那覇の順位である。まず、昆布の消費が多い富山に注目させた。展開Ⅰにおける西日本と東日本の区分において、多くの生徒は富山が東日本であると思っていたので、富山で販売されているカップ麺でも昆布が入っていることを確認させた後、なぜ昆布の消費が多いのかを北前船の絵を用いて説明した。その際、「富山」という漢字の韓国語の読みが釜山と同じく「ブサン」であることにも気付いてもらい、東アジアにおける交易の利点を考えさせた。

　続いて、昆布の原産地である北海道の札幌より沖縄の那覇での昆布の消費が多いことを統計から読み取らせた。そしてなぜ沖縄では昆布を食べるようになったのかを予想させた後、昆布を使う沖縄料理の写真と当時の交易の様子が描かれている『首里那覇港図屏風』を用いて、その理由を説明した。最後に、蝦夷地−本州（富山）−琉球−清（中国）の昆布ロードを提示し、地図で確認した。

４−２．生徒の感想から見る成果と課題

　授業の様子は前述したとおりであるが、展開の内容が多くて最後にまとめる時間を充分に設けることができなかった。そのため、全員の感想を集めることはできず、もらった生徒の感想を日本語に訳すと以下のようになる。

生徒の感想内容

①ラーメンや昆布という食文化に注目して地域区分を理解した場合

・珍しかった。ラーメンを通してこのような授業ができることが。

・日本では昆布を使っていないラーメンがあり、東日本ではカツオ節でダシを作ることが分かった。楽しい授業だった。

・日本の昆布を通して、日本の地域を知ることができ、有益で興味深い授業でした。

- 知らなかった日本の地域区分を、昆布と関連してやさしくて楽しく学ぶことができた。
- 日本でも昆布を使用しているが、地域によっては異なることが分かった。日本の歴史についても少し知ることができ楽しかった。

②昆布の交易や食文化から日本の歴史を理解した場合
- 考えたこともなかった昆布について知り、歴史には関心がなかったが、昆布の流通を知ることによって興味が湧き、楽しかった。
- 昆布て授業を行うことが興味深く、日本の文化史と歴史について知ることができ、良かった。
- 普段関心がなかった昆布についてどのような歴史を持っているかが具体的に分かり、楽しくて有益な時間であった。
- 日本の歴史を分かることができ、興味深い時間だった。特に日本の食べ物を持って来て授業を行ったことでより楽しくなった。
- 普段分からなかった昆布が昔から日本と取り引きされてきたことが意外で、楽しかった。
- 隣の国である日本の昆布の歴史について分かり、とても興味深く、今後旅行に行くことがあるかもしれない地域の特色を詳しく知ることができて良かった。

③授業全体について
- 授業内容が興味深く、日本の文化史と歴史について知ることができ、良かった。
- ささいなテーマでも楽しく様々なことを入れて授業を行ってくれて良かった。
- 地図が多くて、理解しやすく、楽しい授業であった。
- 関心を引きながら授業してくれてよかった。新しい経験でよかった。
- 楽しくて、愉快な授業だった。おわりが明確ではなかったことがもの足りなかったが、良い経験だった。

第Ⅰ部　食文化でひろがる東アジア

　このような生徒の感想から、①ラーメンや昆布という食文化に注目して日本の地域区分が理解できたこと、②昆布の交易から日本の歴史が理解できたことが、本実践の成果として挙げられる。このような成果は、地域や実践校の状況が大きく作用している。韓国の中でも釜山という地域は日本の北海道、富山、沖縄のように東アジア交流史の主な地点の一つである。また、釜山市の機張は韓国でもわかめや昆布の有名な産地である。現地で機張産昆布を用意し、生徒に馴染みがあった機張産と北海道産を比較させ、北海道からの昆布の伝来に気付くように工夫することができた。さらに、生徒は1年生の時に日本の関西地方へ修学旅行に行ってきた経験があり、日本、特に関西地方について興味・関心が強かった。そのほか、実物教材・写真・地図などの視覚的教材を多く使用したことも授業に良い影響をもたらした。

　課題としては、東アジア的な共通性についての言及をあまりしなかったことや、沖縄や中国も含めた東アジアへの広がりのところではあまり時間を取れなかったことが挙げられる。今後の実践では、東アジア交流史を背景とし、どのような文化的共通性を持っているかを認識しやすく展開し、自文化を相対化する振り返りを入れる必要がある。また、沖縄を含んだ広い範囲の東アジア交流史を考えるためには、胡椒やトウガラシなどの食材を追加することも考えられる。この場合には、1時間の単発的な授業ではなく、2〜3時間の小単元として指導することが望ましい。

おわりに

　本章は、身近な教材である食に注目し、東アジアにおける昆布の交易史（歴史）と日本におけるダシの地域差（地理）を融合した教材を開発し、国際理解という観点から韓国の高校生を対象として行った授業実践をまとめたものである。谷川（2005）は、日韓の相互理解を図るためには「授業という作業の中でどのような考えを引き出し、伸ばしていくかが重要である」と指摘する。実際に今回の授業実践を通して、生徒の日本理解を深めることができた。生徒の感想に一番多かったのは「楽しい（10人）」と「知る・分かる（11人）」という言葉である。身近な教材を開発し、生徒に楽しくて分かりやすく授業することは、韓国でも日本でも同じであろう。もし機会があれば、日本の高校生にも今

44

回開発した教材を用いて授業を行いたい。

〈参考文献〉
・荒野泰典（2012）「日本から見た環日本海交流圏」姫田光義編『北・東北アジア地域交流史』有斐閣。
・이철성（イチョルソン）（2010）「조선후기 연행무역과 수출입 품목（朝鮮後期燕行貿易と入出品目）」『한국실학연구（韓国実学研究）』Vol.20、pp.29-79。
・上田茂（1992）「北日本の富と海の道―中世蝦夷地に展開した国際貿易」千葉県高等学校教育研究会歴史部会編『新しい日本史の授業―地域・民衆からみた歴史像』山川出版社。
・遠藤巌（1999）「中世外交史の大問題―「夷千島王」の正体は何者か？」『歴史読本』第44巻第8号、pp.158-163。
・大石圭一（1987）『昆布の道』第一書房。
・大津和子編（2012）『日中韓の協働による相互理解のための国際理解教育カリキュラム・教材の開発』（2009-2011年度科学研究費補助金基盤研究B研究成果報告書）。
・長節子（1994）「夷千島王遐叉の朝鮮遺使をめぐって（一）」『九州産業大学国際文化学部紀要』第1号、A33-A47。
・―――（1995）「夷千島王遐叉の朝鮮遺使をめぐって（二）」『九州産業大学国際文化学部紀要』第2号、A35-A54。
・海保嶺夫（1982）「「夷千島王」の対朝鮮交渉―幕藩制成立以前における夷千島・扶桑・朝鮮王国の「国」意識」『地方史研究』第32巻第6号、pp.1-19。
・姜仁姫著、玄順恵訳（2000）『韓国食文化史―原始から現代まで』藤原書店。
・高橋公明（1981）「夷千島王遐叉の朝鮮遺使について」『北海道史研究』第28号、pp.1-5。
・―――（1992）「夷千島王」『日本史大事典』平凡社。
・谷川彰英編（2005）『日韓交流授業と社会科教育』明石書店。
・中村和之（2012）「北・東北アジアの先住民と環オホーツク海・環日本海交流圏」姫田光義編『北・東北アジア地域交流史』有斐閣。
・江南・李博・婁小波（2011）「昆布の国際貿易と日中製品の競争力分析」『国際漁業研究』第9巻、pp.37-55。
・松尾直子（2010）「昆布ロードのなぞを追う―『鎖国』から『アヘン戦争』へ」『奈良女子大学附属中等教育学校研究紀要』第50集、pp.76-84。
・宮崎正勝（2004）『知っておきたい「食」の日本史』角川学芸出版。
・村井章介（1987）「朝鮮に大蔵経を求請した偽使について」田中健夫編『日本前近代の国家と対外関係』吉川弘文館。

第Ⅰ部　食文化でひろがる東アジア

【授業で使用した資料】

【資料１：同じ名前のカップ麺の日韓比較】
＊授業では、販売地域が異なる四つの緑のたぬきを用意した。

【資料２：日本の地域区分】
＊授業では、ハングルで地名を表記した白地図も配布した。
　　東日本と西日本の境は？

【資料３：昆布に関する日中韓の記録】

中国	『唐書』［渤海傳］我（唐）有好物相（渤海）送…南海之昆布 　→渤海から唐に送られる特産物には、南海の昆布がある。
韓国 （朝鮮半島）	『經世遺表』　北道昆布者 天下之珍異也昆布之小者方言云多士麻 　→北道の昆布は天下の珍味であり、その小さいものを方言でタシマと呼ぶ。 『東醫寶鑑』・『證類本草』における昆布の記述 気を治めるために、長く食べ続けると体重が落ちる。スープにして飲んだり、ナムルとして食べたりする。
日本	『庭訓往来』　宇賀の昆布 『新羅之記録』　宇須岸全盛の時、毎年三回充若州より商船来り、此所の問屋家々を渚汀に掛造りと為して住む。

46

第 2 章　あなたの街のカップ麺はなに味？

【資料 4：14 世紀〜 17 世紀の日中韓】

	14 世紀	15 世紀	16 世紀	17 世紀
中国	元	明		清
韓国	高麗	朝鮮		
日本	南北朝時代	室町時代	戦国時代　安土桃山時代	江戸時代

【資料 5：『成宗実録』から見る東アジアにおける昆布の交易】

・120 巻 1480 年 8 月 19 日　北京に派遣した朝鮮使節の進上品：<u>昆布四百斤、塔土麻四百斤、海衣二百斤</u>、海菜耳二百斤、香蕈二百斤、石菌一百斤、紅燒酒二十瓶、白小註二十瓶、松子四百斤、人蔘一百斤

・157 巻 1483 年 8 月 18 日　北京に派遣した朝鮮使節の進上品：<u>昆布二百斤、塔土麻二百斤、海衣一百斤</u>、海菜耳一百斤、香蕈一百斤、紅燒酒十瓶、白小註十瓶、松子二百斤、人蔘五十斤

・140 巻 1482 年 4 月 9 日　南閣浮州東海路**夷千島王の遐叉**は、朝鮮殿下に呈上します。朕の国には、もとは仏法がありませんでしたが、**扶桑**と通和して三百余歳前に伝わりました。扶桑にある仏像・経巻は悉く求めましたが、大蔵経は元来扶桑にないので、欲しいと思って久しいけれどもまだ得ていません。【中略】朕国人は、言語が通じ難いので、**国内の扶桑人**を使節とします。第一船で、馬角一丁・錦一匹・練貫一匹・紅桃色綾一匹・紺布一匹・<u>海草昆布二百斤</u>を進上します。

【資料 6：函館市で出土された古銭】

```
日　　本：8 種、（飛鳥）和銅開弥、（奈良）万年通宝、神功開宝
　　　　　（平安）隆平永宝、富寿神宝、承和昌宝、貞観永宝、延喜通宝
中　　国：前漢〜明
　　唐　：開元通宝、中国各地で造られたが、鋳造地の大半である 16 か所のもの
北　　宋：最も多い（88.1％）
南　　宋：毎年鋳造年を背に刻したが、それらのほとんどのもの
中国周辺：安南、遼、高麗、金、西夏
```

函館市史デジタル版　http://archives.c.fun.ac.jp/hakodateshishi/tsuusetsu_01/shishi_02-05/shishi_02-05-02-00-02.htm（2017 年 9 月 4 日アクセス）

第Ⅰ部　食文化でひろがる東アジア

【資料7：販売地域別「緑のたぬき」の添付調味料成分】

①北海道：北海道 砂糖、食塩、醤油、魚介エキス、たん白加水分解物、乳糖、香辛料、ねぎ、**粉末こんぶ**、香味油脂	②東向け：東北・信越・関東・静岡・中京 砂糖、食塩、醤油、魚介エキス、たん白加水分解物、乳糖、香辛料、ねぎ、香味油脂
③西向け：**北陸**・中国・四国・九州・**沖縄** 砂糖、食塩、醤油、たん白加水分解物、魚介エキス、香辛料、ねぎ、**こんぶエキス**、香味油脂	④関西：近畿 砂糖、食塩、醤油、魚介エキス、たん白加水分解物、香辛料、**こんぶエキス**、ねぎ、香味油脂

【資料8：昆布に関する家計調査（二人以上の世帯）品目別都道府県庁所在市及び政令指定都市】
＊授業では、那覇の順位がこれより高かった古い統計を使っていた。

〈金額〉

	全国	1,026
1	ア	2,352
2	盛岡市	1,526
3	福井市	1,480
4	堺市	1,415
5	金沢市	1,414
6	京都市	1,380
7	青森市	1,376
8	奈良市	1,375
9	山形市	1,354
10	長崎市	1,308
11	大阪市	1,244
12	相模原市	1,243
13	大津市	1,177
14	松江市	1,138
15	静岡市	1,136
16	北九州市	1,129
17	福島市	1,109
18	津市	1,102
19	横浜市	1,095
20	仙台市	1,084
21	秋田市	1,077
22	千葉市	1,065
23	新潟市	1,049
24	宇都宮市	1,049
25	イ	1,035
52	札幌市	660

〈数量：g〉

	全国	314
1	盛岡市	737
2	青森市	667
3	ア	611
4	山形市	556
5	相模原市	531
6	仙台市	504
7	高知市	476
8	秋田市	473
9	松江市	445
10	福井市	414
11	大分市	412
12	長崎市	411
13	金沢市	393
14	前橋市	391
15	新潟市	385
16	福島市	373
17	イ	370
18	静岡市	344
19	宇都宮市	335
20	名古屋市	335
21	北九州市	329
22	堺市	328
23	千葉市	326
24	横浜市	314
25	東京都区部	310
49	札幌市	191

※ランキング（2014年～2016年平均）（総務省統計局　http://www.stat.go.jp/data/kakei/zuhyou/rank06.xls〔2017年9月4日アクセス〕）

48

第2章 あなたの街のカップ麺はなに味？

【資料９：昆布ロードを描いてみよう】
＊授業では本地図を使用しなかった。交易の様子が示されていた韓国の『東アジア史』教科書の地図を見せた。

第Ⅰ部　食文化でひろがる東アジア

コラム①

トウガラシとキムチ

金　玹辰

　近世初期に日本に伝わったトウガラシには二つの意味が含まれている。一つは、「唐」、「蕃」、「南蛮」、「高麗」という海外から伝わったという意味、もう一つは「辛子」、「芥子」、「椒」の辛いという意味である。一方、トウガラシに当たる韓国語は一般的にはコチュ（고추）であるが、古い文献では、苦草、苦椒、番草、南蠻草、南椒、倭草と書いたりもする。このような中で、辛味を意味する「苦」が付いたコチョ（고초）から今のコチュ（고추）になったという説が一般的である。その他の「番」、「南蠻」、「南」、「倭」は海外から伝わったという意味を持つ。

　日本と韓国の両国で、トウガラシが伝来する以前に辛味の調味料として使用されたものは、「胡椒」と「芥子」である。「胡」は中国から見て西方・北方の異民族を指す字であり、元来、中国ではインドから伝わったことで胡椒と呼ばれ、韓国や日本にもそのまま伝わった。英語でも、トウガラシはチリ・ペッパー（chili pepper）またはレッド・ペッパー（red pepper）である。この理由は、「新大陸」を発見したと言われるコロンブスがカリブ海のエスパニューラ島で「アヒー」と呼ばれるトウガラシを、インドで栽培されている胡椒の一種と見なしたためである。それ以来、トウガラシ属に含まれる植物の実は全て「ペッパー」と呼ばれる。

　同じくトウガラシを意味する言葉に、日本の「唐」芥子と韓国の「倭」芥子がある。1613 年に李睟光が書いた『芝峰類説』では次のように述べられている。「南蠻椒有大毒　始自倭國來故　俗謂倭芥子　往往種之　酒家利其猛烈　或和燒酒以市　之飲者多死」。日本語に訳すると、「南蛮椒は強い毒をも持っている。最初、倭国から入ってきたので俗にこれを倭芥子という。今ではこれを植えることもよくある。酒店では中でも大変辛いものを利用し、焼酒に加えて売っており、これを飲んで死んだ者も多い」ということになる。ここでは、トウガラシを意味する言葉として、南蠻椒と倭芥子が出ており、その伝え先が倭國、すなわち日本であると書かれている。韓国では、豊臣秀吉の朝鮮侵略のとき、秀吉軍がトウガラシを持ち込んだという説がある。

　一方、日本側の文献においては、これらと矛盾する記録もある。1709 年に編纂された貝原益軒の『大和本草』では、「昔は日本に無く、秀吉公の朝鮮を討ち

50

給ひし時、彼の国より種子を取り来る故に俗に高麗胡椒と云う」と朝鮮から伝来したことが書かれている。また、高麗胡椒と関連して、沖縄では島トウガラシを泡盛に漬け込んだ調味料があるが、別名はコーレーグスである。この語源は、九州地方でのトウガラシの呼称である「高麗胡椒」から来ているという説と、「高麗薬（コーレーグスイ）」が訛ったものであるという説などがある。『琉球国由来記』によると、島トウガラシは18世紀前期までに薩摩を経由し沖縄に伝来したとされている。

　最近、朝鮮半島ではすでに満州などの北方からトウガラシが伝来し、栽培されていたという説も出ているものの、広くトウガラシが普及したのは豊臣秀吉の朝鮮侵略以後である。日本では、17世紀半ばに江戸両国の薬研堀の店から、漢方薬を参考にトウガラシをはじめ香りのいい7種類の薬味を混合した「七味唐辛子」を売りだした。18世紀頃の朝鮮でも、トウガラシを粉に加工しキムチや各種の調理に本格的に使われた。

　トウガラシの伝来はキムチの発達をもたらした。三国時代から日本の奈良漬けのような野菜の塩漬けがあり、高麗後期の文献にキムチの名が出ている。キムチといえば、トウガラシに赤く染まった白菜キムチや大根キムチが代表的であるが、白キムチやトンチミなど、トウガラシを全く使わないものもある。南北に細長い朝鮮半島は、冬の気温が北部と南部で大きく異なる。キムチを漬けるとき、使うトウガラシの量も南北の地域により異なる。日本では春を告げるさくら前線があるが、韓国では冬到来を印すキムジャン前線がある。キムジャンとは、本格的な冬に入る前、キムチを漬けるために家族、親戚などが集まる年中行事を言う。北部地域はトウガラシや塩を少なめに使って11月下旬ごろに、南部地域はトウガラシを多めに使い12月中旬ごろに、中部地域はその中間で冬に備えてキムチを漬ける。キムジャンで漬けたキムチは、以前は大きな壺に入れ土中に埋めて保存したが、庭のないマンションやアパートなどに住む現在の住環境ではキムチ専用の冷蔵庫に入れて保存している。2013年、キムジャンはユネスコ無形文

地域社会におけるキムチ分かち合い奉仕活動

化遺産に登録された。

このように、キムジャンが無形文化遺産にも登録された韓国のキムチであるが、現在は大きく様変わりしている。西洋式の食文化が浸透し、以前より伝統的な韓国の食文化がすたれ、キムチの消費量も年々減少している。日本の漬物と同じ運命をたどっているのである。一方で、不思議なことに日本での漬物消費において近年はキムチが1位になっている。スーパーでは、日本で漬けられたキムチに交じって、韓国産のキムチもよく見られる。半面、韓国の若い人の中では、キムチを漬けることができない場合も多く、親の漬けたキムチを譲りうけたり、店で購入したりすることも珍しくない。そこで売っているキムチの多くは中国産である。

〈参考文献〉

권대영・정경란・양혜정・장대자 (2011)『고추이야기』도서출판 효일。

ビル・プライス著、井上廣美訳 (2015)『図説世界を変えた50の食物』原書房、pp.68-69。

宮崎正勝 (2004)『知っておきたい「食」の日本史』角川学芸出版。

―――― (2003)『知っておきたい「味」の世界史』角川学芸出版。

山本紀夫 (2016)『トウガラシの世界史―辛くて熱い「食卓革命」』中公新書。

第II部
人々でつながる東アジア

第Ⅱ部　人々でつながる東アジア

第3章

江戸時代に漂流するとどうなるのか

國分 麻里

はじめに

　江戸時代の対外政策は基本的に「海禁」であった。自由に海外に行ったり来たりすることは禁止され、「四つの口」だけで交流が許された。四つの口とは、薩摩と琉球王国との交流、長崎における中国およびオランダとの交流、対馬における朝鮮との交流、松前におけるアイヌとの交流を指している。このように、江戸時代では国を超えた自由な交流は許されなかったが、漁船だったり荷物や人を運んでいたりした船が故障や台風などで漂流したらどうなるだろうか。このような事例でよく知られているのは、紀州から江戸に向かう途中で遭難しロシア領のアリューシャン列島に漂着した大黒屋光太夫や、土佐から伊豆諸島の鳥島に漂着しアメリカに渡ったジョン万次郎などである。だが、日本近海で漂流した場合、やはり近隣の朝鮮半島や中国などに漂着する場合が多かった（平川、2008）。

　本章は、朝鮮半島に漂着した薩摩の武士らが、いかにして日本に戻ってきたのか、朝鮮の人々との具体的な交流の様子を中心に授業実践にしたものである。当時、江戸幕府同様、朝鮮も「海禁」政策をとっていたが、船の遭難という形での「他者」との遭遇は、双方にとっても思いがけないかたちで起こる。本章は、漂流民を事例として、日本と朝鮮半島の人々の交流の様子を明らかにしたものである。

54

第 3 章　江戸時代に漂流するとどうなるのか

1．教材の背景

1-1．江戸時代の日朝関係

　日本の江戸時代は、朝鮮半島では朝鮮時代に該当する。日本同様、当時の朝鮮も基本的に「海禁」政策をとっていた。日本や中国とは公式的なあるいは許可制の交流を続けていた。朝鮮から見ると、日本との交流当初は倭寇との区別をすることが大切な仕事であった。以下の年表3-1は、豊臣秀吉以降の日本と朝鮮の関係を国家間交流より整理したものである。1627年から1868年まで、対価なしに漂流民を互いの国に送還するという相互無償送還体制が機能していたのである。

年表 3-1　朝鮮時代・江戸時代を中心とした日朝関係

年度	国家間の関係	具体的な内容
1592〜98年	豊臣秀吉による朝鮮侵略	
1607年	朝鮮王朝による回答兼刷還使派遣開始	・日本側：国交回復を確認することが目的 ・朝鮮側：再戦の火種が日本側にあるかを探る国情探索／捕虜送還（刷還）目的
1627年	己酉約条（1609）の変更 →漂流民の相互無償送還体制	宗氏の渡航証明書を所持しない者は「賊倭」とみなすとの条項が変更される。1868年まで漂流民の相互無償送還体制が機能
1636年	朝鮮通信使開始	朝鮮通信使外交
1764年	朝鮮通信使　江戸訪問最後	
1811年	朝鮮通信使　対馬訪問最後	

(筆者作成、下線も筆者)

1-2．漂流民に関する歴史学の研究動向と内容

　漂流民に関する歴史研究は少なくない。その中で、以下のことが明らかにされている。

　荒野（1988）は、古代・中世は基本的に遭難物占取権というものがあったとする。これは、漂着船や漂着物はすべて沿岸住民に帰属する（中世は領海圏所有者）というものであった。しかし、15世紀半ば以後は友好関係と貿易のために、倭寇による被虜人の送還とともに朝鮮への漂流民送還体制が形成されたと

55

第Ⅱ部　人々でつながる東アジア

する。また、荒野は豊臣政権の領海権掌握の過程について言及し、相手国との一定の友好関係の設定と貿易振興が目的であったことを明らかにしているが、これは秀吉の朝鮮侵略で関係が崩壊したとする。

　池内（2009）によると、幕末期編纂された幕府の外交史料『通航一覧』では、「寛永十七年庚辰（1640）年、異国船何国の浦に漂着すとも、長崎に護送あるへき旨令せらる」という記事を掲載している。ここから、本土・蝦夷地への漂流は1640年代より長崎経由で漂流民送還が開始された。送還のルートは、日本人が漂流した場合と朝鮮人が漂流した場合で異なっていた。

　日本人が朝鮮半島に漂着した場合、その漂着地から釜山（倭館）→対馬府中→長崎奉行所または大坂奉行所→出身地の大名か幕府代官に引渡し→地元へ戻るルートが確立されていた。釜山にある倭館とは、対馬藩の出先機関であり、主に1678年移転新設された草梁倭館を指している。常時500人ほどの対馬人（武士・商人）が詰めていたところである。

　朝鮮人が日本列島に漂着した場合、漂着地→長崎→対馬府中→釜山→地元という経路であった。池内（2009）は、「長崎経由で漂流民が送還されるという制度は、朝鮮人民衆に広く浸透した常識」（20頁）であったとする。また、対馬藩国家老は「朝鮮と御和交を取り結んでから今に至るまで御誠信の験が顕著に見えるのは、漂流民を丁寧に取り扱い、速やかに送り返してきたからであって、こうしたことを百年来つつがなく繰り返してきたことによっているのだ」（20頁）と述べている。朝鮮と日本の友好は漂流民の無償送還システムが果たした役割が大きかったのである。

　しかし、漂流民の具体例になると、言語が異なるために意思の疎通ができない、文字に残していないなど、民衆の交流の姿を探るのは難しい場合がある。漢文を通して意思の疎通ができる、漂流したことを文字に残せるなどの条件を持つ人々は上流階級に限られる。民衆の交流状況を詳細に知ることは難しいと言える。池内（1999）は、江戸時代の漂流民による交流は友好的な関係だけでなかったとし、あまり漂流民が来なかったところのほうが友好的な関係であったことを明らかにしている。

2．教材化に向けて

2-1．漂流民に関する先行実践

　江戸時代の日朝関係に関する授業実践は、いわゆる国家間交流ととらえられる通信使に関するものが多い。その中で、近世の漂流民に関する先行実践として、梶木ら（2010）の実践を挙げることができる。大黒屋光太夫という日本人で江戸時代に漂流した人物を扱い、単にその人物を扱うのではなく、世界史と日本史の連関をテーマにした授業を目指している。しかし、日本の隣国であり、相互に多くの漂流民を出した東アジアに関する実践ではなく、特殊な事例を扱ったものとなっている。ここに、漂流民を軸にして江戸時代の日朝間交流を扱うことで、人々の交流の姿を具体的に知ることができる本実践の特長がある。

2-2．教材としての視点－江戸・朝鮮後期の日本と朝鮮の人的交流

　近世の日本と朝鮮の人的交流を図に示すと以下のようになる（図3-1）。
　中世の倭寇、秀吉の朝鮮侵略を経て、江戸幕府は朝鮮と同じ「海禁」政策を選択し、人々が自由に行き来することを規制した。そのような状況の中で、日

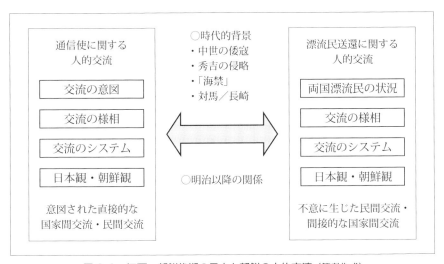

図3-1　江戸・朝鮮後期の日本と朝鮮の人的交流（筆者作成）

本と朝鮮の人的交流は大きく二つに分けられる。一つ目は、通信使に関する人的交流である。これについては、現在まで交流の意図、交流の様相、交流のシステム、交流に伴う朝鮮観・日本観が研究され、授業実践もなされてきた。二つ目は、今回扱う漂流民送還に関する人的交流である。これには、両国漂流民の状況、交流の様相、送還システム、日本観・朝鮮観などが内容として挙げられる。この二つの違いは、一つ目の通信使が意図された直接的な国家間交流・民間交流ということができるのに対して、二つ目の漂流民送還は不意に生じた民間交流・間接的な国家間交流ということである。

このことを踏まえると、小・中・高での漂流民送還に関する教材化のテーマ案については、各学校段階で以下の内容が考えられよう。図に示すと以下になる（図3-2）。

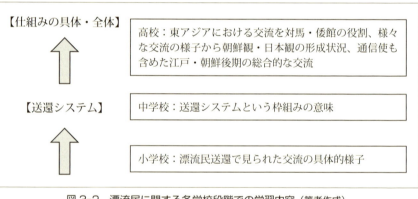

図3-2　漂流民に関する各学校段階での学習内容（筆者作成）

小学校の段階では漂流民送還で見られた交流の様子を学ぶことで、具体的に個人の交流を学ぶことが目的となる。それに対して、中学校になるとそうした個人の交流の具体的な姿を踏まえて、送還システムという枠組みの意味を探ることが目的となる。日本と朝鮮半島の相互無償交換システムを学ぶのである。そして、高校では今までの学習の総括も含めて、構造的に学習することを目的とする。具体的には、日本と朝鮮という関係を中国まで広げて、東アジアにおける交流を対馬・倭館の役割、様々な交流の様子から朝鮮観・日本観の形成状況、通信使も含めた江戸・朝鮮後期の総合的な交流としてとらえるのである。

第3章　江戸時代に漂流するとどうなるのか

　以下、漂流民に関する教材についての説明を行う。

　先ず資料であるが、当時、漂流した者に対する事情聴取は、漂流地／釜山／対馬／長崎（大坂）／出身地の役人・大名他により行われた。これに関して現在まで残存している資料は次の三つである。(a) 日本側・朝鮮側の事情聴取記録、(b) 対馬藩政史料、(c) 漂流記（漂流した者が独自に記したもの）である。これら (a) (b) (c) の三つの資料が揃う漂流事件として、1819（文政2）年忠清道庇仁県に到着した薩摩船の事例が挙げられる。この内容については、朝鮮に漂流した日本人の様子とともに、近世日本人と朝鮮人の相互認識・文化交流が分かる資料として池内（2009）により紹介されている。安田義方『朝鮮漂流日記』である。これは、1819年薩摩船の朝鮮漂流事件に関わる漂流記であり、筆談のできる日本の地方武士と朝鮮の地方官僚との直接交流でその内容を知ることができる。また、安田自身の挿図も資料として残っており、当時の状況を把握するのによい資料となっている。

2-3．授業案

(1) 題材名：「江戸時代の日本と朝鮮半島」

　実施日：2013年2月19日（火）　実施校：東京都立A高校（定時制）

(2) 生徒観および指導観

　授業を行ったのは、1年1組と2組である。1組は14名が在籍しており、女子は4名である。2組は生徒数19名のうち女子が5名である。定時制ではあるがほとんどが学齢の生徒で、過年度生徒は各クラスに1名位である。生徒の知識は、教科書に書かれてあることを知っている程度であるため、現在の韓国との交流も導入で触れながら、興味関心を喚起させる内容で授業を行う。また、知識をこちらから提示すると生徒は受け身の授業になってしまうので、問答形式を用いて授業に参加できる状況をつくる。

　本授業で主に用いる教材は、薩摩藩の武士である安田義方の『朝鮮漂流日記』である。これは、奄美諸島の永良部島から暴風雨にあい、朝鮮の庇仁県馬梁に漂着してから釜山に移り、対馬、長崎を通って薩摩に戻るまでの流れを追った安田自身の日記である。日記の中でも、特に庇仁県馬梁の太守である尹

59

第Ⅱ部　人々でつながる東アジア

永圭と安田らとの交流を取り上げる。漂流した安田らに対して朝鮮の人がどのように接したかという交流の場面を具体的に扱うことで、朝鮮半島との多様な友好関係の一端をうかがい知ることができる。また、朝鮮時代も江戸時代も儒教が漢文で学ばれていたことから、中国で始まった漢文が朝鮮、日本での共通の意思疎通の道具となったことも知ることができる。

（3）本時の目標

　江戸幕府と朝鮮との関係を理解するために、漂流した人の身になって当時の状況を予想し、安田義方の『朝鮮漂流日記』を用いて漂流民無償送還システムを把握することができる。

（4）本時の展開

主眼	学習内容	留意点	資料	時間
復習	・現在の日韓交流について、生徒の既存知識を問う。 ・江戸時代の対外関係が「鎖国」であったこと、朝鮮とは通信使により国家間交流をしていたことを復習する。	簡単に想起させ、復習する程度にとどめる。		5分
朝鮮通信使だけでない、日朝間の民間交流の実情を知る	日本の船が漂流して朝鮮に行った場合、どのような問題が起きるだろうか （予想される答え） ・日本に戻れないかもしれない。 ・牢屋に入れられたり、強制労働させられたりするかもしれない。 ・言葉が通じないのではないか。 ・食べ物はどうなるのか。 （1）安田『朝鮮漂流日記』により、具体的な漂流事例を学ぶ。 　①相互無償送還体制があったことを学ぶ 　②漂流・送還ルートの確認作業 　③安田の書いた絵と当時の様子を示す資料から、庇仁県馬梁太守である尹永圭との交流を具体的に知る。 　・二人の出会い	難しいようであれば、易しい言葉で日本側と朝鮮側の立場を考えさせるようにする。 ノートに自分の考えをまとめた後、報告させる。 地図 興味関心を引くために、問答と資料読みをテン	白地図 PPT 資料	10分 25分

60

	・太守である尹永圭の関心 ・食料の支給 ・尹永圭の三人の家来 (2) 安田らが釜山から長崎に行き、薩摩に戻る経過を知る。	ポよく行う。 4つの史料読解より、その内容を理解する。		
まとめ	・江戸時代の朝鮮とは、通信使だけでない漂流民などによる交流もあった。 ・授業を受けての感想文を書く。		感想文	5分

(5) 評価の観点

・日本と朝鮮の交流に関心を持ち、漂流した人の身になって、当時の状況を予想することができる【興味・関心・態度】。
・江戸時代と朝鮮との関係を、漂流民を通じた交流より学ぶことができる【知識・理解】。

3．授業の様子と生徒の感想

　授業では、本時の中心的問いである「日本の船が漂流して朝鮮に行った場合、どのような問題が起きるだろうか」について、実際の問いはさらに生徒が考えやすいように「朝鮮に漂流した、あなたなら何が心配か」とした。これに対して、船は壊れなかっただろうか、日本に帰ったら処罰されないだろうかといった意見が多かったが、これらは予想範囲内の意見であった。次に、安田の漂流の様子や朝鮮での様子を実際に安田が書いた絵をPPTで紹介しながら、漂流および帰還ルートを白地図に実際に記入させた。そして、漂着した庇仁県馬梁の太守である尹永圭と安田の出会い、家来同士の様子など、相互が好意を持ちながら交流する様子を生徒は資料を読みながら確認し、こうした送還システムがあったことで安田らは無事に釜山、長崎を経て薩摩に帰ったことを学んだ。

写真 3-1　授業の様子

第Ⅱ部　人々でつながる東アジア

　授業後の生徒の感想文をその内容にしたがい分類したところ、(1) 東アジア
の相互送還システム、(2) 東アジアの共通文化、(3) 朝鮮認識・現在の関係認
識、(4) 安田の資質の四つに分かれた。以下の内容がそれである。(ア) ～ (ニ)
の記号は筆者が便宜的につけたものである。最も感想が多かったのは (1) の
相互送還システムについてであった。

分類	生徒の感想内容
(1) 東アジアの相互送還システム	(ア) 漂流してから帰るまでがすごい道のりが長く、帰るのに時間がかかりすぎだと思った。 (イ) 優しい尹永圭に出会っていなければ、安田義方さんはもしかして殺されていたかもしれない。帰れてよかったと思いました。 (ウ) 漂流して見ず知らずの人を国に帰す。また、鎖国をしていたのにもかかわらず、美儀と言い、「自分が処罰をもらう」といったのは、よいつながりだったと思う。 (エ) お互い優しくっていい人たちだから、無事に帰って来れたんだなって思いました。 (オ) 台風のせいで庇仁県馬梁に漂着してその国の一番偉い人に出会っていろいろと世話になって、次の釜山に向かって着いた時にその町の人に尋問させられて大変だったと思いました。 (カ) 漂流したのにあせらず冷静にしていたのがすごいなと思いました。 (キ) 漂流して外国に着いていろいろ苦労しているのに、日記を書こうと思えるのはすごい。漂流して生きていられたのは漂流した国がよかったと思える。 (ク) 案外普通に帰れたんですね。よかったです。漂流はしたくないですね。調書がめんどうだ。 (ケ) いきなりの暴風雨に襲われて違う国へついてしまったのに、最後には日本へ帰れてすごい人やったんやなと思いました。 (コ) 安田は朝鮮に漂流したのに、朝鮮の人に怪しまれても耐えて一番偉い人から船をもらえるなんてすごいと思いました。
(2) 東アジアの共通文化	(サ) 朝鮮の人も漢字が分かるのは初めて知った。 (シ) 言葉が分からないんじゃないかと思ったけど、どちらも中国の文化があって漢文で話してたんだなということが分かった。

62

	（ス）共通の文字があってよかったと思う。今より仲がよかったのかと思った。
	（セ）朝鮮に着いて、言葉じゃなく漢字で通じ合ったところがすごかったです。
（3）朝鮮認識・現在の関係認識	（ソ）昔は仲良くしていたのに何で今こんなに対立しているのかなと思います。
	（タ）江戸時代では他国から来た人を警戒するのに、朝鮮の人が優しくしてくれていたことが少し同じ日本人としてうれしかった。
	（チ）帰れたならよかったと思います。こういうのを見てやっぱり協力するのは大切だと思いました。
（4）安田の資質	（ツ）安田さんは運がいいなと思った。
	（テ）安田さんはこの日記を書いた後どうなったかも知りたいし、今日は楽しかったです。
	（ト）安田の絵が上手だった。
	（ナ）よくあんな時に日記がかけました。すごいと思いました。
	（ニ）安田は約3年間漂流して後悔などをしてないのかが気になる。

　相互送還システムの内容については、総合的に触れている感想が一番多かった。生徒の感想（2）東アジアの共通文化については、漢文による筆談が漂流した日本人と助けた朝鮮人の意思疎通の手段として用いられたことに興味を感じた感想である。（3）は朝鮮に対する認識と現在の関係についての考察であるが、安田が優しくされたことから朝鮮の人に対する好意的な認識とともに、今の日本と朝鮮半島との対立関係ともいえる状況を振り返り、友好や協力の必要性を書いた生徒も3名いた。（4）は安田の描いた絵や日記に対する肯定的な評価や安田の気持ちを推し量る感想である。このような感想を評価基準に照らしてみると、【興味・関心・態度】については、（テ）「今日は楽しかった」などの感想文もあり、問いで安田の体験を追体験することを試みたことに対して、生徒からは多様な意見が出た。このことからも【興味・関心・態度】については達成できたと考える。技能的なことについては、問いを考える過程で安田の『朝鮮漂流日記』を読み、文章内容を理解していたことから達成できた。

　しかし、課題が全くなかったわけではない。それは日本と朝鮮の漂流民相互

送還が、個人の善意ではなく近世のシステムであったことの理解が不足していたということを挙げることができる。これに関して、(ウ)「漂流して見ず知らずの人を国に帰す。また、鎖国をしていたのにもかかわらず、美儀と言い…」というように、朝鮮王朝と江戸幕府の間の相互送還システムがあったことを理解した感想文もあった。しかし、(イ)「優しい尹永圭に出会っていなければ、安田義方さんはもしかして殺されていたかもしれない」、(エ)「お互い優しくっていい人たちだから、無事に帰って来れたんだ」、(キ)「漂流して生きていられたのは漂流した国がよかったと思える」という感想文はシステムを理解していたと読み取ることは難しい。これらは、相互送還体制というシステムよりも、個々の資質により漂流民を優遇したり、自国に帰ることできたりと理解しているように思える。これは、授業展開の (1) ①のシステムについての説明が足りなかったと言える。

　総合的に考えると、生徒は【知識・理解】が多少不十分な部分も見られたものの、通信使だけでない朝鮮時代と江戸時代の民衆による交流の様子に対して興味を持って追体験し、資料に基づいて学ぶことができたと考える。何といってもこの授業の成果は、主に通信使で語られていた近世の朝鮮半島との関係を漂流民という人々の立場から授業化できたこと、加えて、安田義方と尹永圭、その家来たちという魅力的な人物を記した安田の直筆の日記が教材として効果的であることを示したことである。当時の資料により、近世の人と人との交流を具体的な姿で提示できたことで、生徒は現在の日本と朝鮮半島との関係を考える上での一つの例を得てくれたのではないだろうか。

おわりに

　本章では日本と朝鮮の二国間での漂流民送還を扱ったが、この内容については東アジア全体で授業化することが可能である。清朝中国でも、この時期の日本と朝鮮半島のように、相互無償送還体制が成立し機能していたからである。1684年に日本に漂着した山東省民が中国に送還されたのを契機に、中国人漂流民の本国送還が朝貢諸国王に対して指示されるとともに、1737年には中国漂着外国人の本国送還が規定された。これにより、日本漂着の中国人は漂着地から長崎へ、中国沿岸および周辺地域に漂着した日本人は長江河口の乍浦に送

り届けられ、この長崎と乍浦は貿易で結ばれていた（池内、2014）。同様に、朝鮮半島と中国との相互無償送還体制が存在していた。また、これ以外にも、蝦夷地に漂着した朝鮮人（アイヌとの出会い）、朝鮮と琉球の交流（モノ、捕虜人・漂着民、相互認識）なども授業として考えることができる。漂流民をとってみても、近世の東アジアの体制を語ることができるのである。

〈参考文献〉
・荒野泰典（1988）「近世日本の漂流民送還体制と東アジア」『近世日本と東アジア』東京大学出版会。
・池内敏（1999）『近世日本と朝鮮漂流民』臨川書店。
・―――（2009）『薩摩藩士朝鮮漂流日記―「鎖国」の向こうの日朝交渉』講談社選書メチエ。
・―――（2010）「日本型華夷意識と民衆」荒野泰典・石井正敏・村井章介編『近世的世界の成熟』日本の対外関係6、吉川弘文館。
・―――（2014）「漂流と送還―近世日朝間の事例を中心に」岩波講座『日本歴史 地域論』第20巻。
・李薫著、池内敏訳（2008）『朝鮮後期漂流民と日朝関係』法政大学出版局。
・梶木尚美・藤井聡子・森田浩司（2010）「日本史・世界史の枠を取り払った歴史の授業―大黒屋光太夫のデジタル教材を活用して」『研究紀要』43、大阪教育大学附属高等学校池田校舎。
・北島万次・孫承喆・橋本雄・村井章介編（2009）『日朝交流と相克の歴史』校倉書房。
・倉地克直（2001）『近世日本人は朝鮮をどうみていたか―「鎖国」のなかの「異人」たち』角川選書。
・―――（2005）『漂流記録と漂流体験』思文閣出版。
・神戸大学附属図書館デジタルアーカイブ住田文庫第5門地理B漂流『朝鮮漂流日記』。
・河宇鳳著、金両基監訳、小幡倫裕訳（2008）『朝鮮王朝時代の世界観と日本認識』明石書店。
・河宇鳳・孫承喆・李薫・閔徳基・鄭成一著、赤嶺守監訳（2011）『朝鮮と琉球―歴史の深淵を探る』榕樹書林。
・平川新（2008）『開国への道』全集日本の歴史12、小学館。
・六反田豊（2011）「近世の日本と朝鮮―国家間関係と人々の交流」原尻英樹・六反田豊・外村大編著『日本と朝鮮 比較・交流史入門―近世、近代そして現代』明石書店。

第Ⅱ部　人々でつながる東アジア

【授業で使用した資料】

【資料１：安田義方らの漂流ルートを書き込む白地図】

【資料２：安田義方の漂流および送還の流れを示すPPT資料】

安田義方『朝鮮漂流日記』
1820年
(以下の画像　所蔵：神戸大学
附属図書館　住田文庫)

永良部島から薩摩に向かって出発！

第3章 江戸時代に漂流するとどうなるのか

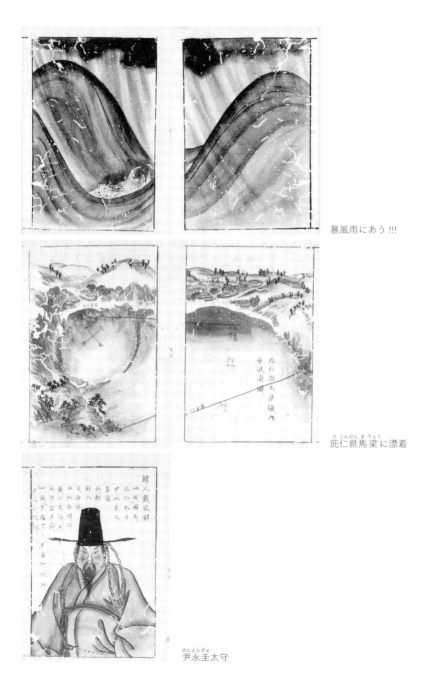

暴風雨にあう!!!

庇仁県馬梁に漂着
(ひじんけん まりょう)

尹永圭太守
(ゆんよんぎゅ)

67

第Ⅱ部 人々でつながる東アジア

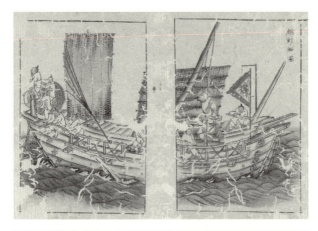

朝鮮の船をもらった

釜山に到着
(「東萊釜山古地図」韓国国立中央図書館所蔵)

対馬藩の倭館から対馬、長崎へ(『朝鮮史料集真』国立国会図書館所蔵)

第3章　江戸時代に漂流するとどうなるのか

【資料3：交流を示す資料】

安田義方たちと尹永圭ら朝鮮側との交流

（1）安田と尹永圭（太守）との出会い

　やってきたのは庇仁県太守（今で言う県知事）尹永圭であった。ふっくらとした頬と端正ではっきりとした瞳、穏やかでつつしみ深く、ゆったりとして厳かな香りの漂う人物であった。尹永圭の発した言葉は「あなたがたはどこの国の人で、どうしてここへ漂着したのか」であったから、漂流地で受けた最初の問いとまったく同じではあった。だが、遠海での艱難辛苦（苦労のこと）をいたわり、漂流者の怪我を心配し、停泊地を浜近くのさらに穏やかなところへ誘う口ぶりは、事務的にことを進める官吏たちとは少し様子が違った。（70頁）

（2）尹永圭の関心

　安田は朝鮮官吏と接する際には、いつも身支度を整えて、家童の次郎（13歳）に刀をもたせて随待させた。（中略）　実は太守の関心は次郎にあった。次郎は明け方におよぶ事情聴取にも（安田の）背後にいて刀を持ち続け、一睡もしない。「精根（根性のこと）はなはだ強し」と安田も評する自慢の従者である。尹永圭は、紙に書かれた「次郎」を、そのまま朝鮮語読みした「ちゃらん」ではなく、日本語ではいかに発音するかを問うた。教わったとおりに「じろう、じろう」としばし繰り返した尹永圭は、やがて発音を覚え、こののち船を訪ねてくるときはいつも、まず「じろう」と呼びかけ、次郎の手をとって乗船した。（79頁）

（3）食料の支給

　十日昼過ぎにやってきた太守は、一人一升（十合）基準で毎日三食の食料を漂流民に支給する規定だと述べた。船内の米は、状態は必ずしもよくなかったが払底したわけではなかった。天日に干すなり、蒸すなりすれば食べつないでいける分ぐらいはあった。太守の好意は有難かったが、安田は足りている以上の施しは不要だと思い、受領するのは船内の米を食べ尽くしてからではいけ

69

第Ⅱ部　人々でつながる東アジア

ないかと問うた。太守は、これは「国朝交隣盛徳の美義（わが朝鮮と日本の交流のために優れて立派な徳を行うという美しい基準のこと）」であり、受けてもらわねば自分が処罰を受けるといった。（94頁）

(4) 尹永圭の三人の家来

　三人の朝鮮官吏にとっても安田らとの別れが現実となってきたのだろう。三人は安田に、帰国後の処遇を問うた。（中略）　こんな事態になったわけだから、そもそも褒章と処罰のいずれに落ち着くか分からない、と安田は答えた。三人は、褒章されるべきだと述べ、夜中に天に向かって千回も万回も褒章を願うと言った。（100頁）

出典：池内敏（2009）『薩摩藩主朝鮮漂流日記─「鎖国」の向こうの日朝交渉』（講談社選書メチエ）を國分が読みやすいようにルビを振るなどの整理をした。

70

> # 第4章
>
> # 「境界人」旗田巍の
> # アイデンティティとは何であったか
>
> 高 吉嬉・石川 学

はじめに

　今日、世界ではグローバル化が進み、国境をまたぐ活動が盛んである。それに伴って人や物が活発に移動している。海外で働く日本人も増えている。同時に、日本を訪れたり、日本に居住したりする外国人の数も年々増加している。そうしたなか、教室でも外国籍の生徒、あるいは、両親もしくはどちらかの親が外国人である生徒が増えている。学校が異文化の出逢いの場となっているのである。アイデンティティの形成の途上にある生徒たちにとって、若き日に自分とは異なる他者と出逢い、互いに受け入れ合う経験は、「多文化共生社会」を創り出すための大きなエネルギーとなる。自らのアイデンティティと同時に、隣人のアイデンティティについても関心を持つことで、私たちはともに生きる社会を築くことができるからである。

　本章は、このような問題意識を踏まえて、東アジアを生きた「境界人」旗田巍を取り上げ、旗田のアイデンティティのあり様を学ぶことで、多様なアイデンティティを認め合うことの大切さを考えることを狙いとした授業を分析したものである。

1．教材について

1－1．私たちを取り巻く今日の状況

　高等学校の倫理の授業で、「青年期の課題」を学ぶ。自分はいったい何者なのか。人としてどう生きたらいいのか。青年期は悩みの多い時期である。青年

はもはや子どもではない。しかし、一人前の大人でもない。そのどちらにも属する「境界人（マージナルマン）」である。不安定な存在である。人はその不安定の中を生き、アイデンティティを確立していく。自分が何者であるかを理解し、生きる目的を得、人としての生き方の根を育てていく。これは時間がかかるとても困難な作業でもある。だがその作業は、生まれ育った国や地域と青年期以降に生活する国や地域が異なる場合、さらに困難なものとなる。故郷が自分の生活する国や地域になっていない場合、自分の所属が一つではないからである。また幼い頃から自らの人格を形作ってきた地域社会との関係が途切れてしまうと、アイデンティティの核が不安定化するからである。

　倫理の教科書を見ると、国籍（出身地）別外国人登録者数の推移は、1995年136.2万人であったが、2014年には208.7万に増加している。登録者の多くは韓国・朝鮮、中国、フィリピンなど東アジア出身者である。[1] 国際結婚などで外国人の親から日本で生まれ、日本で育ち、日本語のみ話す青年も確実に増えている。彼ら／彼女らはいったいどのようなアイデンティティを確立していくのか。必然的に、親の祖国は異国となる。民族レベルでのアイデンティティの内容も大きく違ってくるのではないだろうか。

　また、日本の青年も、日本とは異なるものの考え方、文化、生活習慣に身近な生活空間で接する機会が増えている。その際、彼ら／彼女らのアイデンティティの確立に異文化はどのように影響するのだろうか。自分たちとは違う他者の文化・考え方を認め、互いに敬意を持ちながら共生していくためには、それぞれがどのようなアイデンティティを確立していくのかについて、お互いに深い関心を持つ必要がある。同時に、ヘイトスピーチなどのエスノセントリズム[2]に絡めとられて排外主義に落ち込んでしまわないために、政治や経済の状況、そして何よりも歴史の事実をしっかり踏まえた他者理解、異文化理解を生み出していく教育の営みが求められている。

　その営みの一つとして、本章では、「在朝日本人二世」旗田巍のアイデンティティとその生き方について生徒と一緒に考えてみる。東アジアを「境界

---

1)　越智貢ほか7名（2017）『高等学校　改訂版　倫理（ETHICS）』第一学習社、212頁。
2)　神奈川新聞「時代の正体」取材班編（2016）『ヘイトデモをとめた街―川崎・桜本の人びと』現代思潮新社、90頁。

人」として生きた旗田の生き方は、アイデンティティ形成の途上にある生徒にとって、良い刺激となると思われる。それによって、生徒たちは歴史を踏まえた朝鮮半島の韓国・北朝鮮や中国など東アジアに対する認識を新たにし、さらに異なる考え方や文化に対する理解を深めることができることが期待される。

1－2．旗田巍とは誰か

旗田巍についての教材研究は、高吉嬉（2001）の研究に全面的に依拠した。[3] 高によれば、旗田の生涯は4期に分けて理解される。

○第1期：原体験と前思想形成の時期（1908～1948年）

1908年、旗田巍は植民地朝鮮の慶州南道の馬山の在朝日本人社会で、岡山県出身の医者の息子として生を受けた。馬山の日本人街で育ち、馬山小学校と釜山中学校で学び、17歳まで朝鮮で暮らした。朝鮮での暮らしは「植民者の子」としてのものであり、旗田の日常はあくまで日本式の生活と教育の中にとどまった。そのため、彼の目に映った隣人としての朝鮮人は、「暗くて貧しい朝鮮人」でしかなかった。小学生の時、旗田は1919年の「三一独立万歳運動」のデモに遭遇したが、ビックリしたという素朴な感想を残すだけで終わっている。このような、朝鮮に対する無知・無関心・傍観者的な態度は、当時、朝鮮に移り住んだ日本人や朝鮮で生まれ育った日本人に共通のものであった。

この後、旗田は熊本の第五高等学校に入学し、この頃初めて社会主義思想に触れている。高校卒業後、旗田は東京帝国大学文学部東洋史学科で学び、東洋史学の世界に身を置くことになる。この旗田の青年期とも呼べる15年ほどの間、歴史的には、1931年の満州事変を経て、1937年の盧溝橋事件と、日本が中国大陸への侵略を加速化していく時代であった。思想統制も厳しく、旗田にとっても息苦しい時代であった。1933年、旗田は共産党の資金カンパに協力したことで、逮捕され、失職も経験した。

そういった日本から逃れるためもあってか、旗田は1940年に中国に渡り、満鉄調査部北支経済調査所調査員となり、華北農村慣行調査を担当した。そし

---

3) 高吉嬉（2001）『〈在朝日本人二世〉のアイデンティティ形成—旗田巍と朝鮮・日本』桐書房、参照。

第Ⅱ部　人々でつながる東アジア

て1944年10月、北支開発会社調査局に移り、労働力給源の調査をした。やがて中国で敗戦を迎えるが、旗田は中華民国政府に留用され、国際問題研究所研究員となった。そして1948年11月、最後の引揚船で日本に帰ってきた。旗田の中国滞在期間は8年であった。旗田は生まれてから40年の間、朝鮮で17年、日本で15年、中国で8年をそれぞれ生活したのである。

○第2期：戦前の朝鮮史研究批判の時期（1948〜1965年）

　帰国後、旗田は1949年に大阪府立北野高等学校教諭となり、立命館大学文学部講師を兼ねていた。そして1950年9月、旗田は東京都立大学人文学部教授に就任した。当初、旗田は中国史と朝鮮史を並行して研究していたが、次第に朝鮮史研究に主力をおくようになる。特に朝鮮戦争の真最中であった1951年、旗田は『朝鮮史』（岩波全書）を著し、日本の朝鮮史研究はもちろん在日コリアンや韓国の歴史研究者に大きな影響を与えることになった。旗田にとって『朝鮮史』はその後の研究の原点となるものであり、これを機に旗田は戦後朝鮮史研究の先駆者・開拓者と見做され、韓国や在日コリアンの研究者から「日本の良心」と言われるほどの高い評価を得ることになる。

　『朝鮮史』の中で旗田は、戦前の朝鮮史研究が「どのような社会に、どのような人間が生き、何を学び、何を悩んでいたか」に目を向けなかったことを批判し、「いま苦難の鉄火にまきこまれている朝鮮人の苦悩を自己の苦悩とすることが、朝鮮史研究の起点である」と記した。旗田の朝鮮史研究の姿勢は明確であった。旗田は何より自らと日本社会の人間性の回復を願ったのである。しかし、当時の日本の社会状況はいわゆる「逆コース」の中で、それとは真逆な方向へと進んでいた。

　その後、旗田は『朝鮮史』で示した新しい朝鮮史研究の視座を多くの研究者と共有し、1959年、「朝鮮史研究会」を立ち上げることに尽力した。この会は思想・信条・国籍の違いを超えて、純粋に研究を通して交流を深めることを目指した。

　さて、1960年から旗田は一人の在日韓国人二世の少年の助命運動に加わることになる。1958年、当時18歳の李珍宇少年は女性二人が殺害された「小松川事件」の犯人として逮捕された。当時、李少年は未成年者であったにもかか

74

わらず、彼の顔写真は新聞にそのまま掲載された。李少年の助命運動の参加者の多くは、小松川事件を就職差別など在日コリアンのおかれた苦しい状況に起因する痛ましい犯罪の一つとして認識する傾向があった。

　旗田は日本・韓国・在日コリアンを結びつつ、一人の在日二世少年の命を救うために、先頭に立って動いた。そのような旗田に対して、朝鮮人を差別・蔑視する人々から、「悪い朝鮮人は殺して当たりまえ。それをかばい立てするものは日本人として許せない」といった多くの批判や中傷が浴びせられた。結局、李少年は1962年仙台で処刑されることになるが、そのときの旗田の失望感は計り知れないものであった。

○第3期：日本人の朝鮮観改善の時期（1965～1972年）

　李少年の助命運動と同時に日韓条約反対運動にも積極的に参加していた旗田は、それらの運動を通じて「日本人の朝鮮観に重大な欠陥がある！」と皮膚感覚で痛感し、ひどく驚き、落胆することになる。そこで朝鮮史研究者である旗田は、歴史的に日本人の差別観・蔑視観の原因を探り、改善していこうとした。そうして出版されたのが『日本人の朝鮮観』（勁草書房、1969）である。この本を通して旗田は、日本人の朝鮮に対する差別的な固定観念が、権力者とそれに賛同する東洋史学などの研究者によって、歴史教育の場で上から教化されたことによって形成されたものであることを明らかにしようとした。

　さらに旗田は朝鮮史研究者としていち早く歴史教育にも目を向けて、日本人の朝鮮観改善のために朝鮮史研究と朝鮮史教育の連携を図った。1965年には『元寇』（中公新書）を刊行し、元寇をめぐる日本人の朝鮮観の改善を試み、朝鮮史教育者に多大な影響を与えた。また世界史教科書の朝鮮近代史の記述内容を分析し、「朝鮮史は日本人にとって外国史である。日本とは個別の独自の発展をとげた外国の歴史である。朝鮮史は単なる外国史ではなく、日本人にとって特別の意味をもつ外国史である」ことを説いた。旗田をはじめとした朝鮮史研究者と朝鮮史教育者の連携は、後に『朝鮮の歴史をどう教えるか』（龍渓書店、1976）を世に生み出すことになる。

○第4期：在朝日本人二世としての葛藤の時期（1972～1994年）

　ところで、旗田は長い間自らが朝鮮と日本の「境界人」であることに苦悩していた。少年期まで過ごした朝鮮の山河が言いようもなく美しいものに思え、ひどく懐かしい気がして、郷愁を禁じえなかったのである。しかし、その郷愁はあくまで日本が植民地支配していた時代の記憶に基づくものであり、旗田が「植民者の子」として朝鮮社会に君臨したという事実は変えようがなかった。また旗田は幼いときに内面化した「暗くて貧しい朝鮮人像」を拭い去ることができず、長い間、幼少時の故郷・朝鮮での想い出に対する切なさと、朝鮮で生まれ育ったという自分の出自への後ろめたさの狭間で苦悩していた。

　そうしたなか、旗田は日本ではいち早く朝鮮半島の南北両国を訪問する機会を得ることになる。まず、1972年春に北朝鮮（＝朝鮮民主主義人民共和国）を訪問した。しかし、当時日本で言われていたような階級闘争の無い社会主義の「楽園」の現実に疑問を抱いて帰ってくることになる。それに対し、旗田は1975年秋と1977年春、二度にわたって韓国を訪問するが、韓国の歴史研究者と深い交わりを得たことで、大きな感動を胸に抱いて帰国した。韓国に対しては、かつての印象とは違った発展した風景と、自信に満ちた韓国人研究者に出会って驚いたのである。

　特筆すべきは、旗田が馬山で一人の女性に出逢い、それが旗田の「暗くて貧しい朝鮮人像」を大きく変えたことである。旗田は生まれ故郷・馬山を訪れた際、自分が育った家が残っているのを知り、不躾と思いながらも懐かしさのあまりに、その家の中年の女性に自分が昔の住人であることを告げた。すると、彼女は旗田を家の中に招き入れ、各部屋を見せながら、快く話に応じてくれた。その話の中で、彼女が朝鮮戦争で夫が行方不明となったにもかかわらず、女一人で三人の子を育てた「堂々たる女性」であること、そして、その女性が「平和が大切だ」と語ってくれたことに心を打たれ、彼女に尊敬の念を禁じえなかった。旗田は思いがけないこの小さな「出逢い」によって、長い間拭い去ることのできなかった「暗くて貧しい朝鮮人像」から解放され、自分の中に「主体的朝鮮人像」を創り出すことができたのである。

　旗田は1994年、心不全で逝去している。86歳であった。すると、韓国では新聞各紙が報道し、その死を悼んだ。そして韓国政府は約半年後、旗田に文化

勲章「宝冠章」を授与している。

1－3.「倫理」で旗田巍を取り上げる意味

　今回の授業は日本と朝鮮半島の歴史に関わる内容を多く含んでいる。しかし、「人間とは何か」、「自分とは何者なのか」、「アイデンティティとは何か」などの問題を直接に取り上げる「倫理」の授業でこそ、旗田巍を取り上げたい。以下、大まかに、本校（山形学院高等学校）で採用している教科書『高等学校　改訂版　倫理（ETHICS）』（第一学習社）にしたがって、テーマとの関わりを見ていきたい。

① 「青年期の課題と自己形成」：二つの国にまたがって生きた旗田は、自らのアイデンティティの統合をどのように成し遂げたのか。

② 「人間としての自覚」：自分が人としてどう生きるべきかという課題は、旗田においては歴史的、政治的な状況の中で、戦後日本の朝鮮人に対する日本人の差別意識をどう取り除いていくかという問題であった。彼はこの問題にどう取り組んだのか。

③ 「国際社会に生きる日本人としての自覚」：日本・日本人とは何か。日本は自らの歴史を踏まえて、どのように隣国と友好関係を築いていくのか。旗田は近現代における日本の東アジア政策全般をどのように批判的にとらえていたか。

④ 「現代に生きる人間の倫理」：今日、グローバル化が急速に進み、ボーダーレスな状態に変化してきている。加えて国際紛争などによって難民の国外脱出など、人間の移動も頻繁である。民族や文化の境界が崩れつつある中で、どう生きたらいいのか。

⑤ 「現代の諸課題と倫理」の「異文化理解と多文化共生」：旗田は自ら先頭に立って日本と朝鮮半島の交流を深め、友好な関係を築こうとした。その根底にどんな考えがあったのか、何をしたのか。

　こうしてみると、旗田巍の生き方とその内面を学ぶことは、まさに「倫理」的である。

第Ⅱ部　人々でつながる東アジア

２．学習指導案

（１）題材名：「境界人」旗田巍のアイデンティティとは何であったか

　実施日：2017 年 7 月 12 日（水）、19 日（水）　実施校：私立山形学院高等学校

（２）教材観（→「１．教材について」参照）

（３）生徒観

　授業を行うのは、総合普通科 3 年 1 組～ 4 組までの生徒で、「選択倫理」（23 人）の生徒である。大学等への進学を考えている生徒と就職を希望する生徒が半々である。本校の生徒の中に、母が韓国人、父が日本人という生徒は少なくない。1 組から 4 組の各クラスにも、母親が韓国やフィリピン出身、父親が日本人、家庭で話す言語は日本語という生徒が 1 ～ 2 名いる（公にしていない生徒を除いて）。彼ら／彼女らの中で周囲の友人たちに「自分の親が韓国人である」と伝えているのは約半分ぐらいで、残りの半分はそれを口にしない。言ってはいけないこととして考えている生徒もいる。「自分に韓国人の血が入っているということは、友達にも知られたくない」と明言する生徒もいる。

　そのような状況の中で、日本人の両親の下に生まれた生徒たちは、彼ら／彼女らのような「境界人」の存在に無頓着である。「日本人って、何をもって日本人って言うの？」など、これまで考えたこともないし、○○人としてのアイデンティティとは何かなど聞かれている意味が分からない生徒が多い。「自分の出自を隠したい」、「自分はいったいどっちなんだ？　日本人なのか韓国人なのか」、「将来どっちの国で生きたらいいんだ……」、「親が韓国人なのに、ハングルを一言も話せない自分は何なのか……」と悩む気持ちが分からない。出自が悩みの種であるなど想像もつかない。

　したがって、「自分の友達の母親が韓国人である」と知っていても、ネットだけでなく現実世界でも起きているヘイトスピーチなどによって、その母親や生徒がどれほど心を痛めているかまでは想像しない。「国へ帰れ」などの言葉が、どれほど心を傷つけるものなのかを、自分のこととしてとらえることができない。他方、それと全く逆に、「私の母親、韓国人なの。でも、あたしハングル全

78

第4章　「境界人」旗田巍のアイデンティティとは何であったか

く話せないの。ハハッ（笑い）」とあっけらからんとして話す生徒もいる。また、「君は自分のことを日本人だって思ってるの？　それとも韓国人だって思ってるの？」と聞かれて、「どっちも！」という答えを返してくる生徒もいる。

　一方、日本と朝鮮半島の歴史について知っている生徒は少なく、興味がない。「植民地支配って何のこと？」という生徒も多い。「広島・長崎に原爆を落とされた日って、いつだっけ？」「ん〜、わかんない」という生徒もいる。戦争については、小中学校で教えられてきたはずだが、基本的な知識を持たない生徒も少なくない。そもそも戦争などの問題に関心がない。さらに昨今のメディアの影響を受けてか、「嫌韓」を口にする生徒もいる。中国・韓国・北朝鮮などに対して蔑視を露わにする生徒もいる。詳しくは知らないのに、どこかで聞きかじったわずかの知識で、「韓国、きらい」、「北朝鮮、イヤだ」、「中国、怖い」など、たわいない感じで話す生徒もいる。しかし、素直な生徒が多く、「事実を知って納得して、自分の考えを変える」ことに強く抵抗する生徒はきわめて少ない。

（4）指導観

　まず、歴史の事実を知らせる。1時間で、日本がかつて朝鮮半島で何をしたのかについて、概略を説明する。告発調でなく「もし日本に住む君達が、日本語を話してはいけないなどの状況に置かれたらどんな感じがすると思うか」など、東アジアの近現代史を語る前に、自分に置き換えて想像する作業を全体で行う必要がある。あくまでも被害者の側の視点を生徒に得させたい。一方的に日本を断罪するやり方だと、そこで思考がストップする可能性がある。旗田巍については、その生涯を追う形で、一つ一つ丁寧に時間をかけて説明していく。ただ、授業者による説明が長く続くところでは、生徒が受け身になりすぎないように、みんなで一緒に考える問いをところどころに用意した。

（5）授業の展開（3時間扱い）

第1時（50分）「アイデンティティの確立とそれが奪われる時」　授業者　石川学
　①何をもって「自分は◯◯人だ」と言えるのか考える。
　②思考実験「もし、日本の言語、政治制度、教育が「他国のもの」に置き換

79

第Ⅱ部　人々でつながる東アジア

えられたとしたらその時あなたはどうする？」を考える。【資料1】

③「皇民化政策」「内鮮一体」など日本の植民地支配の実態を知る。【資料2】

第2時（50分）「旗田巍の生涯…前半生」を学ぶ　授業者　高吉嬉（本時）

	学習内容・学習活動	資料・留意点
導入	・第1時の授業の内容についての感想を紹介し、若干のコメントを加え、前時の振り返りを行う。 ・「在朝日本人二世」旗田巍について学ぶことを知る。 ・旗田は韓国政府から文化勲章「宝冠章」を授けられた日本人であることを知る。	・全生徒の感想文のプリント配布 ・旗田巍の写真
展開	・旗田の経歴を4つに分けて理解していく。 〈第1期〉「原体験と前思想形成の時期」について説明を受けながら「旗田巍の40年の歩み」（表）に年数を記入する。 ・問い：「人は自分の出自を選べますか」 　→出自は偶然的なものであるが、成長しながら自ら選び取ったものに対する責任の問題を考える。 ・旗田少年の朝鮮のイメージが「暗くて貧しい」ものであったことを知る。 ・旗田は日本で高校生・大学生、研究者として生活した後、中国で仕事をして1948年に帰国。この様子を東アジアの地図で確認しながら、理解していく。帰国の直前、中国人に助けられたことも、旗田の言葉で確認する。 ・問い：「もし、あなたが旗田巍だったら日本に帰ってきてから何をしていくと思いますか」 〈第2期〉「戦前の朝鮮史研究批判の時期」 ・『朝鮮史』を著し、朝鮮史研究者としてデビューしたことを知る。多くの日韓の研究者が感動した書であることを知る。 ・「李少年助命運動」に加わったことを知る。 ・その運動に加わった旗田に嫌がらせの手紙が来たことを知る。その背景に何があるかを想像する。 〈第3期〉「「日本人の朝鮮観」改善の時期」 ・旗田が日本人の朝鮮観を歴史的に研究し『日本人の朝鮮観』を著したことを知る。その書籍を手に取ってみる。	・旗田巍の経歴（表） ・「旗田巍の40年の歩み」（表） ・1933年ころの東アジアの地図（日本と朝鮮半島、台湾が同じ色で塗られている） ・旗田の言葉 ・旗田巍著『日本人の朝鮮観』
まとめ	・第2期の終わりとして、旗田の悩みを紹介「朝鮮はひどく懐かしい感じがする。しかし、貧しく暗い朝鮮人・重苦しい気がする…そんな分裂した思いが心のなかにあった」ことを知る。それがその後どのように、旗田の人生に関わっていくのかに興味・関心を持たせる。次時の内容を予告する。	

80

第3時（50分）「旗田巍の生涯…後半生」を学ぶ　授業者　高吉嬉
　①北朝鮮・韓国への旅行で得たものは何であったか…馬山の女性との出逢いの意味を知る。
　②韓国の歴史研究者との交流の様子を知る。
　③旗田巍の自分史への言及を知る。
　④「在朝日本人二世」旗田巍と「在日韓国人二世」李相琴(い さんぐむ)[4]の共通点は何かについて考える。
　⑤今も日本と朝鮮半島の狭間で生きている人たちがいる。彼ら／彼女らと一緒に幸せに生きていくために何が重要か。自分たちにできることは何かについて考える。

3．生徒の感想と成果

3－1．生徒の感想

　授業を終えた後の生徒の感想は以下である。人は誰でも様々な「境界」を行き来しながら日々生きている。生徒たちは日韓の歴史の事実を学んだ上で旗田巍を受け止め、それらの「境界」をポジティヴにとらえる生き方を学んだように思う。以下、生徒の感想（①〜⑦）を取り上げながら石川の分析を示すことにする。

写真4-1　授業の様子

> ①日本と韓国の両国を愛し、日韓関係の改善に尽力した旗田さんがすごいと思いました。距離的に近い国だし、友好関係になってほしいと思い、そのために努めたその行動力にも驚いた。自分の感じた責任感を大切にし、自分の望むような姿になるよう、自分の力で何とかしようとする旗田さんのような人になりたい。また、もっとそのような人が増えて、今以上に日本と韓国の両国が良くなって行くといいなと思います。

---

4)　李相琴（1993）『半分のふるさと―私が日本にいたときのこと』福音館書店、参照。

第Ⅱ部　人々でつながる東アジア

　深く広い興味・関心を持って授業内容を受け止め、旗田の願いを自分のものとしている。知識理解も十分である。そして素直に、「自分もそうありたいと願う」。このような柔らかい感性は、授業者にとって大きな励ましとなる。

②日本と韓国、それぞれ国も違うし、言葉や食、伝統も違うけれど、旗田さんのように韓国人から尊敬されている日本人もいたということがとても驚きでした。国が違うとなんとなく壁があったりするような感じがしていましたが、そうではなく人は人なので受け入れてもらえるのかなと考えが変わりました。日本と韓国はあまり中が良いイメージはないですが、いろ(ママ)んな文化や考えなどを通してもっと交流できるようになったらいいなと思います。

　国と国との関係を考えるとき、人と人との関係がとても大事であることに気が付いている。また旗田が日韓交流に果たした役割をしっかり理解している。日韓両国の関係があまりよくないというイメージを持ちつつも、交流によってそれを変えていきたいという願いを持つようになっている。

③朝鮮は世界から見たらとても小さい国です。しかし、そんな小さな国でもしっかり歴史をつむいできた過去があります。旗田先生はそんな朝鮮の歴史を偏った視点からではなく、「朝鮮人」の目線から研究しました。私は今回の授業て、旗田先生の存在を初めて知りましたが、2時間の授業でもすばらしい人だということはしっかり伝わってきました。同時に、「なぜこのような立派な人が日本では知られていないんだろう」と思いました。きっと、旗田先生のような日本人はもっとたくさんいるんだろうなと思いました。そういった存在がもっと知られることによって、世界はよりよくなるのではないか、と思いました。

　深く思考し、冷静に判断し、その内容をしっかり表現している。なにより「目線」を大切にして、物事を考えようとしている。今の生徒たちにとって「目線」は大事である。「朝鮮人の目線」に対して十分な理解が得られている。

82

④戦争が終わると沢山の命が奪われたので他国を嫌がるのかをばかり考えていましたが、そんな中でも国と国のつながりを持とうと動き出せる人がいることに驚きとすごさを感じました。（中略）友人や知り合い、日本人からも尊敬されるのは難しいのに、国境を超えて「宝冠章」という形あるもので尊敬されたというのは、なかなかないことだし、こんな人がいたことにおどろきました。ここまで壁がなくて身近なことに自ら行動し、尊敬される人になれたらいいです。

これまでの自分が考えていたことを覆すような内容であっても、理にかなった内容であれば素直に受け止めようとしている。この生徒は旗田巍の生き方、そして、勲章を与えられた事実に大きく心を動かされている。また自分の生き方を考える上で、大事なお手本の一つとして受け止めている。この生徒は旗田巍と「出会った」のだと思われる。

⑤僕が旗田さんの立場なら、日本と韓国の仲をよくしたいと考えはするものの、ここまで大きく行動はできないと思った。「在朝日本人二世」「在日韓国人二世」どちらも生まれ育った場所をかけがえのない歳月だと感じ、それが人生のルーツだと言っているので、〇〇人だと言うのはその人本人の人生のルーツだと思える場所なのだと思った。見た目や書類等では決して分からないライフヒストリーが大事だと感じる。僕も「日本と韓国の狭間で生きている人のことを考え、愛されることの大切さ、幸せとは何かを表現できる人間」になりたいです。

アイデンティティの形成について、しっかり考えることができている。また旗田巍の人としての生き方を十分に深く受け止めている。その上で、“友好”を実現することの大切さ、「境界」を生きることの難しさ、愛することの意味について学んでいる。

⑥２回に分けて高吉嬉先生と授業をして、今日のお話は難しくてよく分からないことが多かったけど、旗田先生は、日本側からの視点ではなく、朝鮮・中国にいたからこそ気付いた日本の悪いところをそのままにはせずに

第Ⅱ部　人々でつながる東アジア

> 行動を起こし、とても勇気ある行動をとったということは分かりました。かたよった考えでなく、いろんな人と出会ったことで気付くことがあったと思うので、自分も自分の考えだけではなく、いろんな人との出逢いを大切にして、たくさんの考え方にふれ、自分の考えの可能性を伸ばしていきたいと思いました。

　旗田巍の人生から自分の生き方のヒントを得ようとして授業に参加した様子が推察される。旗田の内面に目を向け、その動きが柔軟であることに気付いている。そして、それを自分の将来につなげて考えている。すごく鋭敏な感性であり、前向きで、未来志向的な姿勢が窺える。

> ⑦私は○○人である。私はこれを決めるのは、生まれ育った場所だと思います。日本で生まれ、韓国で生活していたとしても、日本人であると言ってもいいと思います。（在日朝鮮人二世と在朝日本人二世）2人の共通点は自分の生まれた場所とは違うところで育っていることだと思います。もし自分が韓国人で、日本みたいなことをされたらすごく嫌だと思いました。なぜなら、自分の故郷と違う言葉で話さなきゃいけないとか、名前も変えなければならないからです。

　アイデンティティの形成について、授業者の問いを真摯に受け止めて、深く考えている。また、「もし自分が韓国人で、日本みたいなことをされたら」と、自分を他者の立場に置き換えて考えている。過去の植民地支配のことをアイデンティティの問題につなげて真摯に受け止めている。そこには自虐的な気配はみじんも感じられない。それどころか、「生まれた場所が日本だったら日本人である」と考え、国籍や民族をこえてともに生きる自他への愛がにじんでいる。このような思考力や感性が、まさにこれからの日本の未来を切り開いていくものだと確信する。

3−2．全体の総括と今後の課題

　今回の授業では、「境界人旗田巍を通して、日本と朝鮮半島の友好を考える」というねらいはかなりの程度達成されたと思われる。その理由は三つある。一

84

つは、生徒の多くが「狭間で生きた境界人旗田巍の側から、日本と朝鮮半島の関係を見ようとした」からである。もう一つは、生徒たちが「過去の歴史を踏まえて、これからは交流によって友好関係を作っていってほしいと願っている」からである。三つめは「自分が旗田巍のように、国境を越えて友好関係を築くために生きてみたいと望む」生徒も少なくないからである。

生徒の感性は実に鋭い。その鋭い感性を受け止め、「知りたい」「考えたい」に応え、そうして生徒の認識を主体的な行動へつなげていくためには、研究者や教員は日本と朝鮮半島の友好に努めた日本人の事例をもっと授業で取り上げていく努力をする必要がある。生徒たちは友好を望んでいる。したがって、真摯に友好を望む生徒たちに対して、具体的にはどんなことができるのか、あるいはすでにされているのかについて十分な情報を提供し、考え合う場を提供することが必要である。

授業者は生徒たちの「自分の将来につなげて考えようとする姿勢」に学び、生徒たちが自ら自分たちの考えの可能性を広げていくことができるように支援していく必要がある。今後、「どうしたら"友好"の願いを実現できるのか」といったテーマで討論やロールプレイ、ワークショップなどを行う授業も企画し、このような生徒の「人として幸せに生きたい」という願いに応え、興味・関心を様々な形で持続させていくことができる授業が求められている。

おわりに

「自分は誰か」、「自分はどんな理由があって○○人なのだろうか」という問いは、生徒にとって相当難しかったようである。しかし、今回の授業で、生徒たちは東アジアを生きた旗田巍の考え方や人柄、そして何よりも「境界人」としての苦悩に出会うことができた。歴史の事実をアイデンティティにつなげて考えて、旗田を内側から理解しようとする姿があった。日本の近現代史において、在日コリアン・在朝日本人などの「境界人」は珍しい存在ではないが、生徒にとっては身近な題材であるとは言えない。しかし、この存在こそがこれからの国際交流を促進していく際の助けとなる可能性を感じたようである。

課題として挙げられるのは、「日本・中国・韓国・北朝鮮など東アジアの国々に関わる歴史を、どこまで詳しく説明すべきか」である。生徒の多くは植

民地支配の歴史などを知らないため、旗田巍の授業は、そういう歴史をしっかり知るところから始まる。しかし、史実を多く羅列するだけでは、生徒が考えたいことにはつながりにくい。生徒たちの「人として真摯でありたい」と願う心情に信頼して、あくまで「倫理」の授業として「人としていかに生きるべきか」を考えることを軸にして、できるだけ幅広く考えさせたい。

かつて毎年のように、安重根や柳寛順など日本の支配に抵抗した殉国烈士を取り上げ、彼らの生き方から何を学ぶかという授業をしてきた。だがその授業では、今回のような人物の内面に寄り添い「自分もそうありたい」と願うような感想はなかったように思う。「安重根はすごい。彼の行動は英雄のようだ」「どんな理由があっても殺人は認められない」というような、今の自分の生き方とは結び付かない感想が多かった。授業の中で、生徒の思考が「抵抗するか否か」「生きるか死ぬか」の問題が主になり、心の落ち着き所の無いまま、日本と朝鮮半島の対立や支配する側と支配される側の対立に終始していたのかもしれない。今回の授業のように生徒の心は穏やかではなかった。と同時に、安重根や柳寛順は生徒たちにとっては歴史の人、今の自分の現実には絡まない人になってしまっていた。

本校はキリスト教教育を行う学校である。生徒たちは学校生活の中で「自分を愛するように他人を愛しなさい」というメッセージを何度も聞かされている。しかし、それが「自分の隣にいる友人（時には「境界」を生きる友人）の内面でどんなことが起こっているのか」への気付きにつながることは少ないと思われる。逆に言えば、「自分を愛していないから、他人を愛することができない」のかも知れない。

では、どうしたら自分を愛することができるのか。私たちの社会は、自分を愛する愛し方を大人が子ども・生徒に教えていないのではないだろうか。自分を愛するとはどういうことか。それは、自分の過去を受け入れるということである。旗田巍に即していえば、自分の出自、そして自らが選び取った生き方を、そこから派生する諸問題も含めて受け入れるということであろう。そして、その受け入れの作業は、アイデンティティの確立する作業とも重なる。必ずしも容易ではないその作業は、実は誰かに認められて愛されてはじめて可能になる。旗田が二度の韓国旅行の後で、自らの引き裂かれたアイデンティティ

の統合に取り組むことができたのは、旅行先での韓国人研究者との交わりや馬山の女性との出逢いがあったからではなかっただろうか。旗田はその交わりの中で十分に愛され、また愛したのだと思う。『日本人の朝鮮観』は、まさに旗田の日本と朝鮮半島への愛のメッセージではなかっただろうか。

　今回の授業で、その愛が生徒たちに届いたのではないだろうか。生徒たちの多くが、旗田巍の「日本や朝鮮半島への愛」や「後の世代を生きる我々への愛」を感じ取ったのではないだろうか。生徒たちの感想文には、旗田巍への温かいまなざしを見ることができる。「自分を愛するように他人を愛しなさい」というキリスト教の教えは、一人の人生においても国際社会においても、普遍的な価値を持つものである。だが、グローバル化が進む現実の国際社会に最も欠けているものでもある。国際社会において大切なのは、相手を理解することである。たとえ、自国と相手国の間に様々な問題があろうと、その問題の解決のためには、相手を変えようとするのではなく、相手を理解し受容しようとし、自分を愛するように他人を愛することが大切である。日本と朝鮮半島の狭間を生きた「境界人」旗田巍は、自ら望んでではなくその重荷を背負うことになった。違いを際立たせ、対立を惹起させる力に抗して生きた彼の姿は、特に韓国において「良心的」と評価された。その評価を日本人がどのように引き受け、東アジアの人々との友好に結び付けていくのかが問われている。

〈参考文献〉
・李相琴（1993）『半分のふるさと—私が日本にいたときのこと』福音館書店。
・越智貢ほか（2017）『高等学校　改訂版　倫理（ETHICS）』第一学習社。
・神奈川新聞「時代の正体」取材班編（2016）『ヘイトデモをとめた街—川崎・桜本の人びと』現代思潮新社。
・高吉嬉（2001）『〈在朝日本人二世〉のアイデンティティ形成—旗田巍と朝鮮・日本』桐書房。
・―――（2005）『마산에서 태어난 일본인 조선사학자 하타다 다카시（馬山で生まれた日本人朝鮮史学者旗田巍）』지식산업사。
・旗田巍（1951）『朝鮮史』岩波全書。
・―――（1969）『日本人の朝鮮観』勁草書房。
・―――（1976）『朝鮮の歴史をどう教えるか』龍渓書店。
・―――（1992）『新しい朝鮮史像をもとめて』大和書房。
・旗田巍先生追悼集刊行会（1995）『追悼 旗田巍先生』。

第Ⅱ部　人々でつながる東アジア

【授業で使用した資料】

○第1時

【資料1：思考実験】

【質問】その時あなたは、何をする？　しない？

政策1　○○人外交官が日本の外務省のトップに立つ

政策2　○○人政治顧問が、日本の首相を補佐する

政策3　自衛隊が、○○軍に組み入れられる

政策4　「円」が使われず、「○○国通貨」が使われる

政策5　学校教育で、日本史に代わって○○史を学ぶ

政策6　日本語ではなく○○語が"国語"として採用される

政策7　○○代表の写真の前では直立不動の姿勢

【資料2：近現代史　略年表】

1853年	ペリーが浦賀に来る		朝鮮王朝
1854年	日本無理やり開国させられる		
1868年	明治維新		
1875年	江華島（雲揚号）事件		
	→日朝修好条規：朝鮮を無理やり開国させる		
1894年	日清戦争		
	→下関条約（清国は朝鮮に対する宗主権を放棄）		
			反日義兵闘争（前期）
1904年	日露戦争	1904年	第一次日韓協約（日本人政治顧問強要）
	→ポーツマス条約	1905年	第二次日韓協約（外交権を奪う）
			韓国統監府（初代：伊藤博文）
		1907年	第三次日韓協約（政権を支配下に、韓国軍解散）
			反日義兵闘争（後期）
		1909年	安重根、伊藤博文を射殺
1910年	日韓併合（朝鮮総督府を設置し、朝鮮半島を植民地として支配）		
		1919年	3月1日　独立万歳運動
	皇民化政策実施…「朝鮮人」を「日本人化」する政策？　『内鮮一体』		
	（日本語の使用、創氏改名、神社参拝強要、日本軍兵士として徴用、炭鉱などへの強制連行、日本軍「慰安婦」も……）		
1941年	太平洋戦争突入		
1945年	敗戦		
			光復
		1948年	南：大韓民国（8月）
			北：朝鮮民主主義人民共和国（9月）
		1950年	朝鮮戦争（6月25日）
		1953年	休戦協定（7月）

第4章 「境界人」旗田巍のアイデンティティとは何であったか

○第3時

【資料3：PPT資料】

旗田巍（1908〜1994年）の経歴

区分	年度	内容
第1段階	1908〜48	原体験と前思想形成の時期
第2段階	1948〜65	戦前の朝鮮史研究批判の時期
第3段階	1965〜72	日本人の朝鮮観改善の時期
第4段階	1972〜94	＜在朝日本人二世＞としての葛藤の時期

旗田巍の40年間の歩み

年月	内容
1908	韓国慶尚南道の馬山（まさん）で、医者の息子として生れる。
1921	馬山小学校、卒業
1925	釜山（ぷさん）中学校、修了
	＊朝鮮で（　　）年間、生活
1925〜28	熊本 第五高等学校
1929〜31	東京帝国大学 文学部 東洋史学科
1931〜40	東洋史関係の仕事（＊日本は　　年間）
1940.8	「満鉄調査部」北支経済調査所調査員
1944.秋	「北支開発会社」調査局員
1948.11	日本に帰国（＊中国は（　）年間）

朝鮮史研究者として
★『朝鮮史』（岩波全書、1951年）
- 新しい朝鮮史研究を喚起した画期の書
- 日本・在日・韓国の歴史学界に大きな影響
- 戦後日本の朝鮮史研究の先駆者・開拓者へ

もっとも感銘を受けたのは、
400字×4枚強に過ぎない「序」の言葉
↓
Why？

『日本人の朝鮮観』（1969年）

朝鮮が懐かしいけど…

「私は朝鮮がなつかしいなんていいますと、ちょっと気がひける面もあるわけです。…私がおったのは、植民地の子どもとしておったわけです。日本帝国主義が支配しておる時期にそこで育ったわけであって、決してじまんにならんことですね。むしろマイナスな面が多いわけですけれど、それでもおかしいものですね、育った場所というのは忘れがたい。どうにもしようがない気がいたします」（旗田巍）

「かつての私は朝鮮について暗く貧しいという印象をもっていた。これは植民地支配者の目にうつった印象であったが、そういう印象を長いあいだぬぐいさることができなかった。しかし南北を旅行して見て、かつての印象とはちがった別の朝鮮が出現しているのに驚いた。いま私は、そういう昔の印象による先入観で朝鮮を考えると大きな誤りを犯すということを痛感する。」（旗田巍）

では、旗田先生と逆の立場はどうなの？

○在日韓国人二世・李相琴（い・さんぐむ）先生
- 日本で生まれ育ち、解放後韓国に戻る。
- 韓国では「半日本人（ぱん・ちょっぱり）」
- 日本で生まれ育ったことを語ることに臆病
- 梨花女子大学・名誉教授（児童文学者）

★しかし、還暦を迎えながら
『半分のふるさと-私が日本にいたときのこと-』(1993)を書き、日本が「半分の故郷」「自己の一部」だと告白！

第Ⅱ部　人々でつながる東アジア

日本は「半分のふるさと」

私は、私の人生のうち、**初期の四分の一を日本で過ごしている**。それは、**私にとってかけがえのない歳月**であり、そこに**私の人生のルーツがある**。韓国人でありながら、韓国内のどこに行っても、私の子ども時代は浮かびあがらない。**頑是ない子どもだったころの私の姿には**、いつも日本の山河が色濃い背景になるからである。そして、そこには、若かりし父と母のおもかげがだぶって映り出てくる。　(8～9頁)

さて、旗田先生が変わっていきます

★馬山の女性に大きな感動！
⇒ 暗く貧しい朝鮮人像から開放される
　　主体的朝鮮人像を創り出すきっかけ

○ 馬山の女性はどんな人？
　⇒旗田先生曰く、「堂々たる女性」
　　・朝鮮戦争で夫は行方不明
　　・3人の子ども、医者・教員・薬剤師へ
　　・「平和が大切だ」と語る
　　尊敬の念を禁じ得なかった。

【注目】ここで、皆さんに伝えたい！

ある固定したイメージは、「知識」を身につけることによってではなく、思いもかけぬ小さな「出逢い」によって一転して変わることがある。旗田にとって韓国人学者や馬山の女性との出逢いはまさにそういうものであった。とりわけ、馬山の女性との出逢いは、これまで「研究」を通しての交流にこだわり、韓国の学者だけを見てきた旗田にとっては、はじめての「尊敬できる朝鮮民衆」との出逢いであった。　(高吉嬉)

旗田先生は
1994年6月30日に亡くなりましたが…

○ すると、韓国では新聞各紙が報道
1994年12月12日、韓国政府は
文化勲章「宝冠章」を授与

★旗田巍先生は、韓国人にとって
尊敬できる日本人！
良心的な日本人！
日韓友好に尽力した方！
でした。

最後に、旗田先生の願いを考える

「朝鮮人の民族的願望である南北統一のために、その前提となる南北交流のために、日本人がすすんで協力すべきである。これこそ南北を問わず朝鮮人のために日本人がなしうる当面の最大の贈物であり、同時に日本の平和に役立つことだ。」
(旗田巍「韓国民衆の声を重視せよ」『日本人の朝鮮観』)

★ まだ、「Korean History」は書けません！
例）韓国史、北朝鮮史、在日韓国人史、在日朝鮮人史…

若い皆さんにお願いです。

○ ＜在朝日本人二世＞の旗田巍先生
○ ＜在日韓国人二世＞の李相琴先生

○ この二人の先生のように、今も「日本と韓国の狭間」で生きている人たちがいます。
彼ら/彼女らと一緒に幸せに生きていくためには何が重要でしょうか？

★皆さんにできることは何か？
真剣に考えてみて下さい！

コラム②

李仲燮と山本方子

高 吉嬉

　李仲燮（イ・ジュンソプ、1916 ～ 1956）は、老若男女、多くの韓国人に愛される民族的・国民的画家である。韓国では彼の人生と作品に関する出版物が数多く出版され、彼が生活した済州島や釜山などには記念館が建設されている。李仲燮は「離散の時代、歓喜と絶望の人生を生き逝った天才画家」として、「世にこれ以上ないほど一人の女性を愛した男」であり、「二人の子どもを懐かしがった父」と形容される（『李仲燮の手紙』、2015）。彼が愛した女性は日本人・山本方子（1921 ～現在）、懐かしがった二人の子どもは二人の間に生まれた泰賢（やすかた／テヒョン）と泰成（やすなり／テソン）である。ここでは、李仲燮と山本方子が歩んだ人生とその時代を簡略に振り返ってみたい。

　李仲燮（以下、ジュンソプ）は、1916 年 9 月、日本統治時代に現在の北朝鮮地域・平安南道で富農家庭の次男として生まれる。1920 年 4 歳のときに父親を亡くし、7 歳になって母親の実家のある平壌に移り住む。幼い頃から絵を描きはじめ、中学時代は牛を描くことに没頭した。1936 年 20 歳の時に東京の「帝国美術学校」に入学する。しかし、すぐに辞めて大正デモクラシーの流れを受け継ぐ自由な雰囲気の「文化学院美術部」へ移り、そこで 1939 年に山本方子に出逢うことになる。1943 年、ソウルで開かれた美術展のために帰国するが、戦況が悪化したため日本に戻れなくなってしまう。

　一方、山本方子（以下、マサコ）は、1921 年、神戸で三井財閥企業の役員を父に持つ令嬢として生を受ける。父親の仕事のため九州・門司での生活を経て東京へ移り住み、高等女学校卒業後「文化学院美術部」に入学し、ジュンソプと恋に落ちた。空襲が激化し戦況が最終局面を迎えた 1945 年 4 月、ジュンソプに会うために命がけで博多港から連絡船で釜山に渡る。その年の 5 月、ジュンソプの故郷・現在の北朝鮮の元山で朝鮮式の結婚式をあげ、ジュンソプが付けてくれた「李南徳（イ・ナムドク）」という名前で暮らしはじめた。朝鮮人の創氏改名の時代に日本人の山本方子が「李南徳」と改名したことは注目に値する。

　その後、1947 年に泰賢が、1949 年には泰成が生まれる。4 人の家族が穏やかな時を過ごしたのもつかの間、1950 年 6 月に朝鮮戦争が勃発する。同年 12 月 6 日、中共軍の危機が迫るなかジュンソプは母親を残して、家族 4 人で元山から釜山に避難し難民収容所で暮らすこととなる。そして 1951 年 1 月には暖かい済州島の西帰浦に移り住むことになるが、この時期は貧しくとも、4 人家族が最も幸せな時間を一緒に過ごした時期でもあった。

1952年、休戦会談が繰り返されるなか、ジュンソプは元山に戻る期待と美術活動を続けるため釜山の凡一洞に移る。しかし、1952年2月、ジュンソプ36歳のとき、マサコと二人の子どもに栄養失調による健康上の問題が発生したことで、ジュンソプは日本で治療を受けさせる決意をし、妻子を引き揚げ船に乗せることとなった。その後、一人韓国に残ったジュンソプは家族宛に自筆絵葉書や絵を添えた手紙を書き続けることになる。1953年8月、ジュンソプは日本政府が韓国人の密入国者に神経を尖らせるなか特別滞在許可を得て一週間足らず日本に滞在するが、これが家族との最後の別れとなってしまう。

　日本から帰国した後、ジュンソプは家族に再会することを夢みながら、釜山、統営などで創作活動に専念する。一方、日本のマサコは洋裁の手伝いや保険外交の仕事をしながら子どもを育てた。1954年6月から1955年2月まで、ジュンソプはソウルで生活し個展を開催するが、出展した「銀紙画」が春画とみなされ当局から撤去命令を受けてしまう。それとは対照的に、1955年にはアジアの芸術家として初めてニューヨーク近代美術館（MoMA）に作品が所蔵されている。

　その後、ジュンソプは1955年2月に大邱に移るが、この頃から栄養不良や拒食症などで衰弱しはじめる。しばらく入院するが、退院後は飲酒量が増え、1956年には肝臓障害から飲食を拒むようになってしまう。友人たちによってソウルの清涼里精神病院に入院させられるが、その後、赤十字病院に転院し1956年9月6日、ジュンソプは誰にも看取られず、39歳で息を引き取った。

　以上のように、ジュンソプとマサコの人生には、日本と朝鮮半島の植民地・戦争・貧困・離散の歴史が色濃く影を落としている。それでも二人の愛は失われず、唯一の通信手段として交わされた手紙は200通以上に及んだ。ジュンソプの絵が多くの人々に感動を与えるのは、彼が母と妻と二人の息子が入った家族の絵を暖かく、明るく描こうとしたからである。彼の最後の絵「帰らざる河（돌아오지 않는 강）」(1956) は観る人の心を打ち、多くの人々がその絵の前で涙している。それは愛する母と妻と二人の息子と一緒になりたいと切実に願い続けたジュンソプが、巨大な国家の意志に翻弄されながら最期は一人孤独の中で逝くことになったという悲運ゆえである。ジュンソプとマサコの物語を映画化した酒井充子監督は「悪化の一途をたどる日韓関係を、一組の夫婦を通して見つめ直す」ことを願ったが、筆者はさらに朝鮮戦争による離散家族のことや、民族・国籍・国境をこえて日韓多文化家族をつくった多くの人々のことが見つめ直されることを願いたい。

【参考文献】
・이중섭　지음・양억관 옮김 (2015)『李仲燮の手紙 (이중섭의 편지)』현실문화
・酒井充子 (2014.12製作、2016.9.16発売)『ふたつの祖国、ひとつの愛――イ・ジュンソプの妻』[DVD]

第Ⅲ部
歴史から響き合う東アジア

第Ⅲ部　歴史から響き合う東アジア

第5章

自分の姓名が変えられたとき、
人はどう感じるか

坂田　彩実

はじめに

　世界史では朝鮮における創氏改名について学習するとき、日本による皇民化政策の一環として扱われる。しかし、創氏改名を行うことがなぜ皇民化政策となり得るのか、実際に創氏改名が朝鮮の人にどのような影響を与えたのか、という点まで深く考えることはあまりない。その原因として、姓・氏・名などの人名に関する用語の正確な理解が不十分であることや、日本と朝鮮では人名に関する慣習や価値観が異なることに対する認識不足が考えられる。本章の目的は、日本・朝鮮・台湾の姓名と家族制度を比較することを通して、創氏改名が朝鮮の人々に与えた影響および日本が創氏改名を実施した目的を考える授業の開発である。

1．教材の背景

1－1．日本・朝鮮・台湾における姓名と家族制度

　日本では、1875（明治5）年に「平民苗字必称令」により国民はすべて名字を名乗らなければならなくなった。これには、徴兵事務に支障をきたした陸軍省の要請があったとされている（梁、1992）。「氏」は日本では同一戸籍の親族集団としての「家」の称号とされ、婚姻や養子縁組によって属する「家」が変わると氏も変わるということになる。戦後の日本国憲法では「家制度」は廃止され、夫婦は夫か妻の姓を選択することとなっている。婚姻などで姓が変わることや夫婦同姓であることを慣習とする日本の高校生に、必ずしもその感覚が

94

第 5 章　自分の姓名が変えられたとき、人はどう感じるか

東アジア共通ではないということに気付かせることが、創氏改名をよく理解する重要な視点となる。

　朝鮮の姓名は、本貫・姓・名で構成される。日本では戸主を中心とする「家」が親族集団の核であるのに対し、朝鮮では宗と呼ばれる祖先祭祀を中心とした男系の血族集団が親族集団の核である。その始祖の出身地名を示すものが「本貫」で、男系血縁系統を示すのが「姓」である。姓が同じでも本貫が異なれば宗族集団は異なる。このように姓は男系血統を表すものなので、婚姻などによって変わることはない（姓不変）。また、本貫と姓が同じ者同士は婚姻しないのが一般的で（同姓同本不婚）、同族でない者を養子にすることもなかった（異姓不養）。宗族集団は自らの属する宗族が分かるよう、家系図である族譜を編纂しており、これを自らのアイデンティティを示すものとして大切に受け継いできた。日本統治下の 1930 年代に族譜編纂ブームがおこったことからも、族譜を守ることと民族意識を守ることの関連性がうかがえる（梁、1992）。

　台湾の姓名は漢民族の伝統に従ったもので、姓と名から構成されている。姓は父系で継承され、婚姻によって姓が変わることはない。1895 年に日本の統治が始まると、女性は生家の姓に夫の姓を冠することとなるが、1935 年には、夫婦の姓を同一とする通達が出された（栗原、2008）。

1－2.　朝鮮における創氏改名

　1940 年、「朝鮮民事令中改正の件」と「朝鮮人の氏名に関する件」の二つの制令が出され、翌年の 2 月 11 日に施行された。これらの制令では、日本で家名の称号として使用されている「氏」を朝鮮の人々にも新しくつくる「創氏」及び、制定した氏を変更する「改氏」や、名を変更する「改名」の許可に関する規定が定められた。この制令の 6 カ月以内に新たに氏を制定することが求められ、期間内に届け出ることを「設定創氏」、期間内に届け出なかった場合に戸主の姓をそのまま氏とすることを「法定創氏」という。つまり、期間をすぎれば強制的に氏が設定されるのである。あくまで姓と本貫は戸籍上には残るが、登録や呼称としての名前は「氏＋名」となる。創氏をする場合は、歴代の天皇の名称や、他の朝鮮人の姓を選択することはできない。また、創氏と異なり改氏と改名は許可制で、「正当の事由」の場合に認められるとされた。「正当

95

第Ⅲ部　歴史から響き合う東アジア

の事由」の基準は「内地人式の氏や名に変更すること」であり、設定創氏と氏名変更は日本風の名前への変更を意味することとなった（金、1997）。このように創氏改名は、単に名前を変更させるという表記上の問題だけでなく、父系集団を核とする家族制度を持つ朝鮮に戸主を中心とする「家」を核とする日本式の家族制度を導入することを意味する。これは、「家」を単位として天皇との結びつきを強め、「皇国臣民」をつくりあげることが目指されているという意味で、れっきとした皇民化政策である。

　制令が施行されてから2カ月後の時点で新たな氏を届け出た割合は3.9%で、総督府はパンフレットの発行や講演会の開催、朝鮮人有力者に創氏するよう圧力をかけるなどの普及活動を行った。その結果、期間内の1940年8月までに届け出たのは80.3%という割合となった。

　創氏改名は同化政策といえるが、日本人の朝鮮人に対する差別意識が含まれている面もうかがえる。水野（2008）は、日本人と朝鮮人の区別ができなくなることに対して在朝日本人や日本国内からの反発の意見があがったために、法務局が「日本既存の氏」を模倣しないように注意を払い、「朝鮮的」な氏となるよう誘導したと述べている。また宮田他（1992）も、朝鮮と日本の間の戸籍の移動が認められていないことや朝鮮人の戸籍簿には本貫と姓が残ることに触れ、創氏改名しても日本人と朝鮮人の区別ができる措置がとられていたことから、皇民化政策には同化の中に差別が含まれていることを示唆している。

1－3．台湾における改姓名

　日本統治下の台湾においても、日本語普及の徹底、神道の普及、義務教育制の実施などを通して皇民化政策が進められた。中でも、改姓名は天皇を中心とする皇民化の基盤として非常に重視された政策であった。1940年に出された「姓名ノ変更ニ関スル件」で、「内地人式」の姓名の変更を願う者は、国語（日本語）常用の家庭であること、皇国民としての資質涵養に努める者、公共的精神に富める者、という条件に該当し認められれば許可されるという、許可制であった。さらに出願手続きは戸主に限られ、一家全員揃って同時に変更しなければならなかった。ここに、戸主の地位を認めて家を親族集団の核とする日本式の家制度を台湾でも完成させようとしたことが読み取れる。実際に改姓名を

行ったのは、1943年末の時点で人口600万人のうち約13万人弱で、全人口の約2％であった（久保、2016）。

2．教材化に向けて

2－1．創氏改名に関する先行実践

　創氏改名に関する授業実践は、小学校6年生の授業（三橋、2008）があるが、高等学校の地理歴史科において創氏改名や改姓名に着目した授業実践は管見の限りない。高等学校の世界史では、創氏改名は日中戦争の開始後に行われた皇民化政策の一環として、徴兵制の開始や強制連行とともに触れられることが多い。しかし「朝鮮人に日本名を名乗らせる政策」（全国歴史教育研究協議会編、2014）という説明では、創氏改名が皇民化政策の一環たり得ることが理解されにくいのではないだろうか。朝鮮における姓名や家族制度、そして台湾における改姓名との実施過程の差異への理解を深め、当時の朝鮮の人々の思いを資料から読み取らせることで、創氏改名が朝鮮の人々にとってどれほどの影響を与えたかより深く理解することができると考える。そこで今回の授業実践では、國分（2016）で提示された授業展開例をもとに、朝鮮の姓名や家族制度、台湾の改姓名との比較を取り入れた。また、創氏改名に対する異なる立場の二人の朝鮮人の手記の読み取りを通して朝鮮の人々の立場になって創氏改名を考えさせる点に、本実践の特長がある。

2－2．教材としての創氏改名と改姓名

　授業を行うクラスでアンケートを行ったところ、31名のうち創氏改名について「知っている」と答えた生徒は2名、「聞いたことがある」という生徒は9名であった。また、創氏改名について知っていることやイメージについて尋ねた項目では、以下のような回答があった。

①日本が占領した土地の住民の名前を日本式に変えさせたもの

②名前が切り替わった

③名前を変えることができる制度？　中国か日本？

④アジアで起こった

⑤名前かえた

⑥名前を変える??

⑦名字について…?

　名前に関する政策であるという程度のイメージしかないため、日本・朝鮮・台湾における姓名と家族制度、創氏改名と改姓名についての丁寧な解説を通じて、創氏改名の意味を考えさせる必要がある。

　朝鮮の姓名の説明には、金海金氏（本貫が金海、姓が金）の族譜を用い、父系の血統が重視される朝鮮の家族制度について理解を深める。台湾の姓名も朝鮮と同様だと説明する。創氏改名に関する法律に関しては、設定創氏の場合、法定創氏の場合、改名をした場合、と複数のパターンの具体例を示し、創氏改名後の氏名の具体例を多く提示することでイメージしやすいよう留意した。ここでは設定創氏と法定創氏の説明もし、実質的に創氏が強制であったことを理解させる。それに対して台湾の改姓名は許可制であり、朝鮮と台湾での改姓率の差異に注目させることで、日本の朝鮮と台湾に対する政策の違いに気付かせる。さらに、創氏改名に対する朝鮮の人々の考えを多面的に考えさせるため、創氏改名に積極的に呼応した李光洙のエッセイと、創氏改名に抵抗して自ら命を断った柳健永の遺書を用いる。李光洙は「朝鮮近代文学の父」といわれた人物であり、制令施行後すぐに創氏を届け出た人物でもある。このエッセイの中で、李は朝鮮人と日本人の民族差別から脱却するためにも、天皇の臣民になったほうがよいと考えていたことがうかがえる。また柳の遺書からは、朝鮮における宗族集団を解体し、日本式の家制度を導入しようとしていることに抗議していることが読み取れる（宮田他、1992）。

2-3.　授業案

（1）題材名：日本・朝鮮・台湾の姓名と創氏改名

　実施日：2016 年 9 月 16 日（金）

　実施校：千葉県立安房高等学校　3 年世界史選択者（32 名）

（2）本時の目標

　日本、朝鮮、台湾の姓名から家族制度の違いを理解し、創氏改名が朝鮮人に与えた影響および日本が創氏改名や改姓名を実施した目的を考える。

（3）生徒観

　世界史に対する意欲が高い生徒が多く、授業中の問いかけに対する反応もよいが、知識量の個人差は大きい。未習のため、本時の学習の前提となる日朝関係や創氏改名に関する知識はほとんどない。内容に関して丁寧な説明をするよう留意しながら、本時の授業で提示する情報や資料のみでも本時の問いについて考えることができるように配慮する。

（4）指導観

　創氏改名について世界史では、日本の朝鮮半島における皇民化政策の一環として学習するが、それだけでは、なぜ朝鮮半島なのか、創氏改名という政策がなぜ皇民化政策としての意味を持つのかを深く理解するには不十分である。そこでこの授業では、次の2点に留意する。1点目は、日本と朝鮮だけでなく台湾も学習対象として扱うことである。朝鮮における創氏改名と台湾における改姓名を比較することで、より朝鮮における創氏改名の持つ特徴を深く理解することができる。2点目は、日本・朝鮮・台湾の姓名や家族制度を比較してそれぞれの地域の姓名や家族制度に対する価値観を教材とすることである。そして創氏改名に対する異なる考えを持つ二人の人物の文章を読むことで、姓名や家族制度そのものが人々にとってどのような意味を持ち、それを変えられることに対してどのような気持ちを抱くのかを知ることで、創氏改名という政策の持つ意味を深く理解することができると考える。

（5）本時の展開

	学習内容・学習活動	留意事項・資料など
導入 5分	・夫婦別姓の記事を読み、明治時代に定められた日本の「家制度」について考える。 ・本時の目標を理解する。	【資料1】 新聞記事「結婚と法律」（朝日 2015.11.25）
	目標：東アジアの姓名や家族制度を比較し、創氏改名の持つ意味を考える	
展開 ① 15分	①姓名、家族制度を理解する ・日本：明治以降、すべての国民が苗字を名乗る。結婚するとどちらかの姓になる（多くは女性が男性の姓になる）。家族は同じ姓。	

第Ⅲ部　歴史から響き合う東アジア

	・朝鮮：名前は本貫・姓・名から構成される。結婚しても姓の変更はない。子どもは父親の姓。族譜という家系図を大切に持つ。同姓同本の結婚は禁止。 ・台湾：結婚しても姓の変更はない。または男性と女性の姓を羅列する。 →日本は戸主を長とする「家」を大事にするが、朝鮮や台湾では姓を同じくする父系集団が重要視されていた。	【資料2】朝鮮の姓名 【資料3】台湾の姓名
② 15分	②植民地化の朝鮮で日本が創氏改名を実施したことを理解し、創氏改名に対する反応を読む。 台湾でも同様に改姓名制度が実施されたが、強制ではなかったために改姓名した人が少なかったことも簡単に説明する。	【資料4】創氏改名について／創氏後の名前 【資料5】改姓名について 【資料6】創氏改名に対する反応
③ 10分	③これまでの内容から、創氏改名が朝鮮の人々に与えた影響と、日本が創氏改名を実施した目的を考える。 ・朝鮮のそれまでの慣習を破壊し、朝鮮人としてのアイデンティティを失わせ、天皇中心の日本の家父長制を持ち込むこと、そして日本の「臣民」として戦争体制に組み込むことを目的としていた。	【ワークシート】 ・数名に発表させ、自分の意見と比べさせる
まとめ 5分	植民地支配が持つ意味を知るには、まず社会制度や人々の暮らしについて理解する必要があることを分かる。 授業の感想を書く。	【ワークシート】

3．授業の様子と生徒の感想

　授業は、日本・朝鮮・台湾の姓について学習する前半部分（展開①）と、創氏改名について理解し、その意味について考える後半部分（展開②③）に分けられる。導入では、夫婦別姓をめぐる新聞記事を用いて、明治時代の「家制度」を背景とする、夫婦同姓が一般的である日本の実態について考えさせた。そして朝鮮と台湾の姓名と家族制度について学習することで、それぞれの国や地域で姓名に関して異なる価値観があるということを学んだ。後半部分では、朝鮮での創氏改名と台湾での改正名について説明し、この授業の中心である大きく二つ

写真5-1　授業の様子

第5章 自分の姓名が変えられたとき、人はどう感じるか

の問いを設定して、個人でワークシートに記入させ、何人かを指名して発表してもらった。「創氏改名は、朝鮮の人々にとってどのような意味をもったと考えられるか」という問いについては、「朝鮮の人々のアイデンティティを奪う」「日本の一部であることを強要する」「朝鮮人としての誇りが失われる」など、朝鮮の人々にとって姓名がアイデンティティを示すものとして重要なものであったことを踏まえた上での回答が多くみられた。これは、前半部分で族譜を用いて説明したことで姓の伝統性が強調された結果であるといえる。

授業最後の生徒の感想を、「姓名の比較について」「創氏改名について」「朝鮮の人々の立場について」「現在の日朝関係に関連付けたもの」「自分にひきつけて考えたもの」の五つの観点から分類すると以下のようになった。

1）姓名の比較について

①日本・朝鮮・台湾の姓名に関しての違いが分かった。

②少し難しかったです。夫の姓にするのが普通で、今まで疑問に思いませんでしたが、明治から続いているなんて驚きました。

③他国の制度を知ることで日本はやっぱり少しずつ他国とは違うと思いました。

2）創氏改名について

④中学で同化政策のことを勉強したが、こうして詳しく学んで人々の気持ちや日本のねらいなど考えてみると、複雑な思いや思惑がからんでくるのだと思った。

⑤台湾や朝鮮の改名の仕方がこんな風だったってことを初めて知りました。勉強になった。

⑥日本は、朝鮮の人々を日本の一部にしたいと思っていたけど、改名した名前には少し朝鮮の感じが残っている人もいて、どうして違いを残したかったのかなと思いました。

⑦自分の学力では難しかったです。この政策は成功なのか失敗なのかも含めて。

⑧国の政策はとても色々なことを考えて行われていることが分かった。

101

第Ⅲ部　歴史から響き合う東アジア

⑨シンプルに言えば名前を変えただけ。でもそれだけで影響が出てくるのが植民地政策なのだと思いました。名前は一生使うもの、それをターゲットにするのはインパクトあるなとも思いました。

⑩姓は大切なものだと思った。日本の政策は身勝手だと思った。

⑪名前が変わると、アイデンティティを失くしたり、天皇の臣民としての意識をもたせたりと、多くの変化がみられることが分かった。日本の同化させたいけれど差もつけたいのは、朝鮮を下にみているからかなと思った。

⑫朝鮮のもともとの姿や制度を知ることで、日本がしたことの意味を考えて理解しようとすることができたと思います。この時代の状況をもっとこんなふうに勉強して、深めたいと思いました。

⑬創氏改名という言葉は今まで聞いたことがあったけど、こういうものだったことは初めて知った。今日、学ぶ機会になって良かったです。

⑭日本国外の地域に、日本式の名前にするよううながしていたことを初めて知った。

3）朝鮮の人々の立場について

⑮日本は支配した側だが授業を通して支配される側の事も考えることが出来てよかったです。

⑯朝鮮にもＡとＢのように賛成と反対の意見があったのを初めて知りました。

⑰時期的にも日本は強勢を誇っていたと思うので、日本をおそれる気持ちが朝鮮の人には少なからずあったと思います。その中での本当の朝鮮の人の気持を想像するのは難しいと感じました。

⑱朝鮮の人たちの考えの違いが分かった。

⑲朝鮮の視点で考えたりしたことがなかったので考えるのが難しかった。

⑳朝鮮に対する日本の考え方やそれに対して朝鮮の人たちがどう思っていたのかがよく分かった。

㉑６カ月以内に届け出ることで自分の好きな名字にできるということはある意味朝鮮の人たちにとって自由だったことではないのかなと思いました。

4）現在の日朝関係に関連付けたもの

㉒ただ歴史の一部と思ってあまり深くは知ろうとしていなかったが今日知って驚いた。現在につながる朝鮮の方々の反日的な考え方に影響したのではないかと考えさせられる。

㉓反日の原因の一つを垣間見た気がする。

㉔あるテーマについて日本と周辺国の関係を考えるのは意義があると感じた。難しい問題が多いなと思った。

5）自分にひきつけて考えたもの

㉕人権侵害に相当するものだと思うので同じ歴史は繰り返してはいけないと思った。自分はいざとなったら改姓名できなさそうです。

㉖今の日本は植民地をもっていないけれど、このような過去があったと分かった。皆違う考え方があって面白い。本当の目的は何か分からない。私はやる必要なかったと思う。差も大切にするのであれば。私は「○○（自分の姓）」を気に入っているので創氏改名したくない。

㉗私達が日本で育って来た上で常識だと思っていた日本の名字の制度が、朝鮮や台湾にとっては代々受け継いできた物を捨てるような大きな決断になっていたのだと初めて知った。今は日本の制度になれているので違和感はないが、もし自分が創氏改名の場に立ち会ったらかなり困惑すると思う。

②の「夫の姓にするのが普通で、今まで疑問に思いませんでした」や、③の「他国の制度を知ることで日本はやっぱり少しずつ他国とは違う」、㉗の「常識だと思っていた日本の名字の制度が…」という感想の言葉から、姓名や家族制度に関して日本、朝鮮、台湾の違いを理解するという目標は達成されたといえる。また、⑫の「朝鮮のもともとの姿や制度を知ることで、…」という感想、⑧～⑪の感想から、授業の前半部分と後半部分を関連付けて考えることができたことが分かる。さらに⑪では、創氏改名が「アイデンティティを失くしたり、天皇の臣民としての意識をもたせたり」することを目的としたことを理解していること、㉗では、創氏改名は「朝鮮や台湾にとっては代々受け継いでき

第III部　歴史から響き合う東アジア

た物を捨てる」ことになることを理解しており、日本が創氏改名を実施した目的を理解するという目標が達成されたと考える。授業の最終的な目標として設定した、創氏改名が朝鮮の人々に与えた影響に関しては、⑭〜㉑の感想がみられた。⑰からは、当時の朝鮮の人々の気持ちを想像するには当時の時代状況を理解する必要があると、様々な要素を踏まえて資料からその人の気持ちを読み取ろうとしたことがうかがえる。㉕〜㉗のように自分に引き付けて考えた生徒もおり、学習内容を踏まえて当時の人々の気持ちを積極的に考えようとした結果であるといえる。また、⑤のように新たな疑問を提示する生徒、㉔のように東アジアの国際関係を様々なテーマから考えようとする意欲が感じられる生徒、㉒や㉓にように現在の日朝関係と関連付けて考えようとした生徒たちは、東アジア、特に日朝間が抱える諸問題について考える一つの糸口を見つけることができたのではないだろうか。

　生徒の感想の中に台湾との比較から朝鮮の創氏改名の意味を考えたものはなく、台湾の改姓名との比較に対する理解が不十分であったことは、本実践の課題である。しかし、本実践の目標である「日本、朝鮮、台湾の姓名から家族制度の違いを理解し、創氏改名が朝鮮人に与えた影響および日本が創氏改名や改姓名を実施した目的を考える」ことに関しては、概ね達成できたと考える。

おわりに

　本章では、姓名に関する価値観の学習をとおして、より深く創氏改名について理解することを目的とした授業の開発を目指した。これまでに述べたような成果もあったが、様々な課題も残した。一つは、時代背景として重要な日朝関係、東アジア情勢を踏まえた展開とならず、日本にとっての植民地としての朝鮮半島の重要性に触れられなかったことである。授業中には、満州国の存在を挙げて朝鮮半島の重要性を発言してくれた生徒はいたが、授業としては気付かせることはできなかった。この点については、地図や日中戦争の年表を提示するなどの展開例が考えられる。また、台湾の家族制度と改姓名について触れたのは朝鮮の重要性に気付かせるねらいもあったが、改姓率の違いから朝鮮半島における創氏改名の意味を考えた感想は得られなかった。このような課題があるにしても、皇民化政策としての創氏改名が朝鮮の人々に対してどのような影

104

第5章　自分の姓名が変えられたとき、人はどう感じるか

響を与えたのかを考えるにあたり、姓名や家族制度に関する日本と朝鮮での価値観の違いを授業化したことは本授業の成果である。モノや制度に関する価値観から改めて考え直すということは、姓名や家族制度のような身近な存在のものにこそ必要であるといえるのではないだろうか。

〈参考文献〉
・上杉允彦（1987）「台湾における皇民化政策の展開―改姓名運動を中心として」『高千穂論叢』62（2）。
・植野弘子（2007）「台湾における名前の日本化―日本統治下の「改姓名」と「内地式命名」」『アジア文化研究所研究年報・東洋大学文化研究所』（42）。
・金英達（1997）『創氏改名の研究』未來社。
・久保耕治（2016）「台湾の「公学校」と「創氏改名」」『論集』四国学院大学文化学会。
・栗原純（2008）「日本統治下台湾における旧慣尊重と同化政策―戸口調査簿における女性の姓と改姓名」『史論』（61）、47-67頁。
・國分麻里（2016）「東アジアに生きる市民の育成」唐木清志編著『「公民的資質」とは何か―社会科の過去・現在・未来を探る』東洋館出版社。
・全国歴史教育研究協議会編（2014）『世界史用語集』山川出版社。
・趙景達（2013）『植民地朝鮮と日本』岩波新書。
・「創氏と私」『毎日新報』1940年2月20日付。
・水野直樹（2008）『創氏改名―日本の朝鮮支配の中で』岩波新書。
・三橋ひさ子（2008）「小学生が学ぶ『世界』③―トウガラシと創氏改名の授業」『歴史地理教育』（738）。
・宮田節子・金英達・梁泰昊（1992）『創氏改名』明石書店。

第Ⅲ部　歴史から響き合う東アジア

【授業で使用した資料】

【資料１】
朝日新聞　2015年11月25日付　「教えて！　結婚と法律」

【資料２】朝鮮の姓名について

（１）本貫、姓、名で構成される
　　※本貫…始祖の出身地とされる地名。
（２）姓が同じでも、本貫が違えば別の宗族集団
（３）姓は父親のものを継ぎ、一生変わることがない＝結婚しても夫ではなく父の姓を名乗る
（４）「族譜」という家系図を大切に持つ。
資料：族譜（金海金氏の族譜）……本貫が金海、姓が金
（「韓国の族譜情報」〈http://gok.kr/〉）

族譜の表紙

昌煥	…男性の名前
配張氏	…昌煥の妻、張が妻の姓
籍仁同	…妻の本貫
父鶴貞	…妻の父
女黃允澄	…上段の夫婦の娘の夫
南原人	…娘の夫の本貫
子鎰基	…上段の夫婦の息子
配方氏	…鎰基の妻、方が妻の姓
籍温陽	…妻の本貫
父弼璀	…妻の父
子鍾信	…上段の夫婦の息子
配崔氏	…鍾信の妻、崔が妻の姓
籍水原	…妻の本貫
父鳳好	…妻の父
子聖源	…上段の夫婦の息子
配張氏	…聖源の妻、張が妻の姓
籍蔚珍	…妻の本貫
父敏達	…妻の父
子榮浩	…養子
生父龍源	…榮浩の父、聖源と兄弟関係
配鄭氏	…聖源の妻、鄭が妻の姓
籍慶州	…妻の本貫
父光珍	…妻の父
子南變	…三編の九〇頁に続く
女石基洛	…上段の夫婦の娘の夫
忠州	…娘の夫の本貫
子石曾福	…娘の息子
曾述	…娘の息子
曾寛	…娘の息子

第 5 章　自分の姓名が変えられたとき、人はどう感じるか

【資料 3】台湾の姓名

（1）姓、名で構成される

（2）姓は父親のものを継ぐ。

　　…女性は、生家の姓の下に「氏」を記し、結婚すれば夫の姓を冠する。

【資料 4】創氏改名について（朝鮮）

1　法律

改正朝鮮民事令（1940 年 2 月 11 日実施）

　　　　①家の称号として「氏」をつける…妻は夫と同じ「氏」となる

　　　　②戸主は氏を設定して 6 カ月以内に届け出る（＝設定創氏）

　　　　③届出がなければ戸主の姓を氏とする（＝法定創氏）

　※改姓率…約 80%（1940 年 8 月）

2　創氏改名の例

（1）

もとの戸籍記載	設定創氏の場合	法定創氏の場合	設定創氏と改名をした場合
戸主 李圭徹　本貫 咸興	戸主 朱李圭徹（甲野）　姓及本貫 咸興李	戸主 李圭徹　姓及本貫 咸興李	戸主 甲野徹雄（朱李圭徹 春子）　姓及本貫 咸興李
妻 朴春卿　本貫 密陽	妻 朱朴春卿　姓及本貫 密陽朴	妻 朴春卿　姓及本貫 密陽朴	妻 朱朴春卿　姓及本貫 密陽朴

出所：水野直樹（2008）『創氏改名』岩波新書

（2）

2130 崔相燁（山本裕永）	2131 朴大根（新井大根）	2132 金萬壽（金谷萬壽）
2133 尹斗榮（海平斗榮）	2134 金鍾泰（金田鍾吾）	2135 金昌基（金山平吉）
2136 崔成龍（山宮成龍）	2137 金敬熙（金天光太郎）	2138 金榮宣（金本榮宜）
2139 權寧荷（安本守男）	2140 李競默（宋本 壔）	2141 金鎭拾（金本鎭弘）
2142 金在鳳（金川在鳳）	2143 金完培（金田完培）	2144 趙泰完（三善通弘）

出所：100 周年記念誌編纂委員会（1996）『校峴開校 100 周年記念誌』

第Ⅲ部　歴史から響き合う東アジア

【資料5】改姓名について（台湾）

① 1940 年から実施。

②許可制。

条件：「国語常用家庭」と「皇国民としての資質涵養に努める念が厚くかつ公共精神に富む者」

※改姓率…1943 年で約 2%

【資料6】創氏改名に対する朝鮮人の反応

A：積極的に呼応した事例

> 　私が香山という氏を創設し、光郎という日本式な名に改めた動機は、畏れおおくも天皇の御名と読み方を同じくする氏名を持とうとする所からである。私は深く深くわが子孫と朝鮮民族の将来を考えた末に、こうすることが当然だという堅い信念に到達したためである。私は天皇の臣民である。私の子孫も天皇の臣民として生きるだろう。
>
> 　　　　　　　　　　　　「創氏と私」『毎日新報』1940 年 2 月 20 日付

B：抵抗した事例

> 　悲しい。柳健永は千年古族である―。とうに国が滅びるとき死ぬこともできず、30 年間の恥辱を受けてきたが、彼らの道理にはずれ人の道に背く行いは、聞くに耐えず見るに忍びず、―いまや血族の姓まで奪おうとする。―同姓同本が互いに通婚し、異姓を養子に迎えて婚養子が自分の姓を捨てその家の姓を名乗ることは、これは禽獣の道を 5000 年の文化民族に強要するものだ。―私建永は、獣になって生きるよりはむしろ潔い死を選ぶ。
>
> 　　　　　　　　　宮田節子・金英達・梁泰昊（1992）『創氏改名』明石書店

108

第6章

東アジアの町は日本の歴史と
どのような関係があるか

梅野 正信・山元 研二

はじめに

　日本近現代史学習に不可欠と考えられる歴史的事項の一つに、台湾、韓国など日本による植民地統治を受けた東アジア諸国、植民地統治に準ずる関係にあった満洲国、関東州、共同租界などの諸地域に関わる歴史がある。これらの歴史は、次頁の表に示すように、現在主権下にある各国の歴史であるだけでなく、日本史と切り離すことのできない歴史、日本近現代史及び東アジアの同時代史そのものである事項が少なくない。

　しかし同時に、日本による東アジア諸国の植民地統治期に関する学習には、実際上の制約も少なくない。

　第一は、配当時間数に関する制約である。『中学校学習指導要領解説』（2017）を広げて確認しても、日本の植民地統治「日清・日露戦争、条約改正などを基に、立憲制の国家が成立して議会政治が始まるとともに、我が国の国際的な地位が向上したことを理解すること」、「「日清・日露戦争」については、この頃の大陸との関係を踏まえて取り扱うようにすること」、「大陸との関係を踏まえて取り扱」（内容の取扱い）い、「戦争に至るまでの我が国の動き、戦争のあらましと国内外の反応、韓国の植民地化などを扱うようにする[1]」との記述にとどまっている。他方、歴史的分野の学習において「主体的・対話的で深い学び」をさせ、「学習において課題（問い）を設定」し、「課題を追究したり解決した

---

1)　文部科学省（2017）『中学校学習指導要領解説』、p.107。（「2 歴史的分野の目標、内容及び内容の取扱い」大項目C「近現代の日本と世界 (1) ア（ウ）議会政治の始まりと国際社会との関わり」）

第Ⅲ部　歴史から響き合う東アジア

関連年表：（　）内は事項があった地域の現国名など

1894	甲午農民戦争に対する日本の鎮圧行動（韓国）
1894-95	日清戦争・下関条約　清は朝鮮の独立を承認（中国）、大韓帝国となる（韓国） 清は台湾・澎湖諸島を日本に割譲（中国）、台湾総督府設置（台湾）
1895	明成皇后が日本人に暗殺される（韓国）
1904	第一次日韓協約・日本人の顧問政治で大韓帝国の財政と外交に干渉（韓国）
1905	第二次日韓協約・外交権喪失・日本の保護国化・統監府設置（韓国）
1907	第三次日韓協約・日本が内政権掌握・韓国軍を解散（韓国）
1909	韓国の安重根によって伊藤博文が射殺される（中国）
1910	「日韓併合に関する条約」・国号を朝鮮とし統監府にかえて朝鮮総督府を設置（韓国）
1915	対華21箇条要求（中国）
1919	東京二八宣言（日本）　三一独立運動（韓国）　大韓民国臨時政府（中国） 五四運動（中国）　台湾総督府の建設（台湾）
1926	朝鮮総督府庁舎の建設（韓国）
1930	台湾総督府ハンセン病療養所楽生院開設（台湾）
1931	柳条湖事件（中国）
1937	皇国臣民ノ誓詞（韓国）　盧溝橋事件・南京事件　日中戦争開始（中国）
1938	国家総動員法（日本・韓国・台湾）
1940-41	杉原千畝によりビザを発給されたユダヤ人が日本、上海などに避難（日本・中国）
1944	朝鮮徴兵令（韓国）　徴兵制度（台湾）
1945	日本がポツダム宣言を受諾（8月14日） 朝鮮総督府統治下、台湾総督府統治下の地域を喪失

梅野正信作成

りする活動[2]」を求める方向にあるが、時間数や学習指導要領の記載からは、日本による植民地統治期に関する学習でこのような対応をとることは容易ではない。

　制約の第二は、政治的題材との評価を懸念せざるを得ない点である。『未来をひらく歴史―東アジア3国の近現代史』（2005）、『日韓歴史共通教材　日韓交流の歴史』（2007）などの成果がみられる一方で、必ずしも広く授業実践が[3]

---

2)　前掲、p.79。

3)　公表された実践としては、鈴木智子（1997）、加藤公明（1999）、高橋正一郎（2001）、塚本登（2007）などがみられる。

110

取り組まれている状況とはいえない。また、二国間の外務省が対応した日韓歴史共同研究報告書第一次（2005）、第二次（2010）[4]、日中歴史共同研究報告書（2010）[5]などの成果も、歴史教育において広く活用される状況にはない。

　本章では、以上のような現状を踏まえて、日本による植民地統治などを受けた国や地域に関わる歴史について、中等学校段階の日本史学習において、無理なく取り組むことのできる授業設計を考えてみたい。

1．授業の背景

　『中学校学習指導要領解説』（2017）は、大項目A「歴史との対話」に「歴史的分野の学習の導入」が設定され、「生徒が、過去を継承しつつ、現在に生きる自身の視点から歴史に問いかけ、歴史的分野の学習を通して、主体的に調べ分かろうとして課題を意欲的に追究する態度を養う」とされている。また、中項目「(1) 私たちと歴史」には、「小学校の教科用図書の年表などに見られる対外関係上の出来事を、友好、対立などの関係性に着目して区分しながら一覧年表に整理し、現代における国際協調や平和の意味や意義を考察できるようにする学習」、「絵画や建造物などの図をいくつか示して互いの異同や特徴に着目して、それぞれが小学校で学習したどの時期の文化財と共通するかといった事柄の検討を通して、大きな時代の移り変わりに気付くことができるようにする学習」を例に挙げて、「課題意識をもって歴史を追究し学ぶことの大切さに気付くことができるようにする」[6]などと記載されている。

　日本による植民地統治に関わる歴史は、具体的な国や地域においては、まさに、「対外関係上」の「友好、対立などの関係性に着目して区分しながら一覧年表に整理」でき、「現代における国際協調や平和の意味や意義を考察」できる学習、「絵画や建造物などの図」に着目することも、「大きな時代の移り変わりに気付く」ことのできる学習、「課題意識をもって歴史を追究し学ぶことの大切さに気付く」ことも、可能となる学習といえる。

---

4)　外務省「日韓歴史共同研究」http://www.mofa.go.jp/mofaj/area/korea/rekishi/index.html
5)　外務省「日中歴史共同研究（概要）」http://www.mofa.go.jp/mofaj/area/china/rekishi_kk.html
6)　文部科学省（2017）『中学校学習指導要領解説』、pp.86–88。

第Ⅲ部　歴史から響き合う東アジア

　以下は、ソウル[7)]、上海[8)]、台北[9)]の風景に触れながら、日本の植民地統治について学ぶ導入段階の授業である[10)]。授業名は「東アジアの町は日本の歴史とどのような関係があるか」。ソウル、上海、台北ともに日本に近接する主要都市であり、日本からの観光客も多く、これらの地域から日本に観光に訪れる人の数も多い。歴史学習を通して、実際にその土地を歩いたとき、踏みしめた足元に、そこを過去に歩き、住んでいた人々の歴史、生活、ものの言い方、態度を思い起こすこと、それらの都市を実際に歩くときに、植民地期の日本と日本人が行った行為が起ち上がってくるような想像力を醸成する授業として、設定したものである[11)]。

２．教材化に向けて

　授業では、①教師が提示した問題文を読み、空欄を埋める作業を通して、訪れた町を探し当てる学習場面と②教師の解説を中心とした学習場面からなる。以下に①の学習に用いる問題文を、次節に②の教師による解説段階の場面を紹介する。以下は、①の導入段階での説明である。

　ある町を訪れた兄弟や姉妹の会話です。Ａ、Ｂ、Ｃともに、日本や、日本に結びつきの深い東アジアの町です。歴史の授業を思い出しながら、二人が歩いた町を探しましょう。インターネットで探せば、簡単に分かりますよ。

---

7)　朝鮮総督府統治下のソウル（京城）の社会生活に対する評価については、日韓歴史共同研究委員会（2005、pp.301-368）において林廣茂「京城の五大百貨店の隆盛と、それを支えた大衆消費社会の検証―主として昭和初期から同15年前後まで」とこれに対する鄭在貞の批評文をはじめ、報告書第2部「日本の植民地支配と朝鮮社会」に集約されている。統治者である日本人の態様を伝える資料としては、高崎宗司（2002）のほか、多くの書籍や文献を活用することもできる。また、日韓歴史共通教材作成の成果である歴史教育研究会、歴史教科書研究会（2007）、日中韓3国共通歴史教材委員会（2005）などの利用も可能である。

8)　写真・図版資料としては岡林隆敏（2006）、村松伸・増田彰久（1998）などが教材として利用しやすい。

9)　台湾の教材資料としては、片倉佳史（2015、2005）、周婉窈（2013）、沈柔縉（2014）、坂野徳隆（2012）、遠流台湾館（2010）などが図版や写真が多く教材として利用しやすい。

10)　同様の趣旨から教材化が可能な都市としては、他に大連、長春、基隆、釜山なども考えられる。

11)　日本における植民地統治期の地図については、ソウル歴史博物館（2015）『台京城府大観』を活用することができる。

第6章　東アジアの町は日本の歴史とどのような関係があるか

以下は、A、B、Cの町を説明する問題文である。

兄　【A】はとても日本人観光客の多い市だよ。ずいぶん昔のことだけど、今から70年以上前の頃は、日本人がたくさん住んでいたんだ。

弟　ずいぶん昔って、何時のこと？

兄　明治時代の後半から1945年まで、たくさんの日本人が生活していたよ。さっき空港からの電車を降りた【A】駅も、外から見たら、ずいぶん古い建物だっただろう。

弟　新しい駅と古い駅が隣り合わせにあったね。

兄　あの駅も日本人が住んでいた時代にできたんだ。駅からゆるやかな坂をのぼってきたね。

弟　デパートだね。新しい高層のものと、少し低い、モダンな形の建物がつながっているね。

兄　この【①】デパートは、1945年より以前は、今でも日本にある三越デパートだったんだよ。

弟　そのデパートなら知っているよ。

兄　駅からデパートまで歩く途中、左に折れたら、旧【A】市庁舎（ソウル図書館）がある。ここも日本時代の建物なんだ。戻ってみよう。

兄　旧市庁舎の左側をまっすぐ歩くと、大きな広場が長く続いているね。行き止まりになっていて、そこにも綺麗な門、【②】門があるね。そしてその門の向こうには、この国の王様の宮殿だった建物[12]がみえるよ。戦前は、この宮殿の真ん前に、日本がこの国を統治するために建てた、5階建ての大きなビルディング、【③】があったんだ。

弟　じゃあ、この町の人々は、自分の国の王様がいる宮殿が見えなくなったんじゃないの。

兄　そう。この町の人々は、20年近く、自分の国の宮殿を隠すように立つ【③】を見ていたことになるね。

弟　旧【A】市庁舎の隣にも、宮殿のような建物があるね。

---

12)　景福宮。

113

第Ⅲ部　歴史から響き合う東アジア

兄　ここも宮殿[13]だったんだ。裏の方は、秋には銀杏の葉が黄色い絨毯のように積もって、綺麗なんだ。【A】市民にとても人気のある散歩道だよ。キリスト教の教会[14]が見えるだろう。その裏手の坂を下ったところに梨花女子高校があるんだけど、戦前は梨花女子学堂と呼ばれていて、【④】という少女の記念館と銅像があるよ。1919年、日本の統治に反対した運動、【⑤】運動が起きた時に、その少女が日本の警察に捕まって拷問を受けて亡くなったんだ。私の頃は中学校の教科書に載っていたんだけど。

弟　そんなことがあったんだね。

A ソウル
①新世界　②光化　③朝鮮総督府　④柳 寛順（1902～1920年）
⑤三一独立

兄　この【B】には、大きな川のほとりに有名な観光名所があるのだけれど、その前に、地下鉄を途中で降りて、見ておきたい建物があるんだ。

弟　ここがそうなの？　広場のような、公園と書いてあるようだね。

兄　戦前は競馬場だったようだよ。その向かい側に、いまも映画館があるのだけれど、そこで、日本の敗戦の年、1945年の5月頃、日本人歌手で、女優でもあった【①】が、「夜来香幻想曲」というリサイタルを開いていたといわれているよ。「アジアの歌姫」といわれるほど人気があったそうだよ。

弟　へえ。

---

13) 徳寿宮。1905年、宮殿内の重明殿（当時）において高宗が伊藤博文を代表とする日本に第二次日韓協約（乙巳保護条約）を強要された。山辺健太郎（1966）、p.299。
14) 貞洞第一教会。

第6章 東アジアの町は日本の歴史とどのような関係があるか

兄　地下鉄にのって川沿いの観光スポットに行ってみよう。

弟　大きな川なのかな、それとも海なのかな。広々としてとても気持ちいいね。

兄　有名な観光地だからね。一度きてみたかったんだ。岸沿いに、戦前の古くておしゃれな建物を残してあるよ。1842年から、いくつかの国の自治が認められていた場所なんだ。「国際共同【②】」と呼ばれていたのだよ。日本の明治維新（1868年）よりも前から、ということになるね。

弟　日本人もいたの？

兄　はじめはイギリス、アメリカ、そしてのちには日本やフランスも、たくさんの人が、自分の国のように生活していたんだ。ニュージーランド、オーストラリア、デンマークなどの国々も、この地区の運営に参加していた。この国の中で、外国のような場所なのだね。

弟　岸沿いに古そうな橋がみえるね。

兄　ガーデンブリッジという名前なのだけど、橋の向こう側には、【③】人が住んでいた地区もあったんだよ。

弟　なぜ、【③】人がいたの？　アウシュビッツのような強制収容所で多くの方が虐殺されたと、授業で習ったけど。

兄　よく覚えていたね。【③】人が住んでいたのは、国際共同【②】の、日本人が住んでいた地区の近く、正式には「無国籍難民限定地区」と名付けられていたようだよ。第二次世界大戦のさ中、ナチスの迫害を逃れて、戦争が終わるまで、ここで生活していたらしいよ。

弟　日本人の【④】が、ナチスの迫害から逃れようとして、困っていた【③】人のために、ビザを発給したという話だね。社会の先生から話を聞いたよ。

兄　その人達の中には、ここで生活した人もいたようだよ。ユダヤ難民記念館もあるんだ。

B 上海

①李香蘭（1920～2014年）　②租界（国際共同租界とフランス租界）（1842～1943年）

③ユダヤ　④杉原千畝（1900～1986年）。リトアニア・カウナス日本領事館。

第Ⅲ部　歴史から響き合う東アジア

姉　【Ｃ】の町の真ん中の空港に降りたね。ビルの中を縫うように飛行機が着陸するのは、わくわくするわね。

妹　日本とはずいぶん親しい関係にある国でしょう。東日本大震災での義援金は、【①】からの支援額が一番多かったって、お母さんが言っていたよね。

姉　でも、国連は、【①】を一つの国としては、認めてはいないのよ。日本もそう。なぜだろうね。

妹　ほんと？　知らなかった。日本人にとっても、とても人気のある観光地だよね。

姉　この町には、日本の建物がたくさん残っているのよ。ほら、あの大きな建物はこの国の指導者が政治を行う【②】、日本でいう首相官邸なんだけど、1945年までは日本の統治者が使っていた建物なの。この国では、日本の建物を残して、今も利用しているようね。さて、電車で少し郊外に行ってみようよ。

妹　30分くらいで着いたね。ここは終着駅のようだけど。

姉　そう。この路線は最近つながったの。だから、戦前は、随分郊外にあったことになるわね。ここには、戦前、【③】病に感染した方を、隔離していた病院と療養所¹⁵⁾があるの。今も、治療が終わった方々が住まわれているのよ。日本でも、国による隔離政策の誤りをただす裁判があったんだけど、知っている？

妹　社会の先生が説明してくれたような……。

姉　日本の統治下にあったこの国にも、同じようなことがあったのよ。

妹　そうだったんだ。

姉　難しい話はこれくらいにして、今度は観光名所に行ってみようよ。同じ市にあるんだけど、ここからだと1時間はかかるね。まずは列車にのろう。

妹　小さな駅¹⁶⁾だね。でも日本人観光客だけでなく、たくさんの外国人が来ているわね。

15）　台湾楽生院（現在は楽生療養院）。
16）　瑞芳駅。

姉　少し歩くとバス停があって、そこからバスで山の中腹の【④】[17]に行くの。

妹　ずいぶん高いところまで来たね。人が一杯で、通路の両側には、美味しそうな食べ物がたくさん売っているね。

姉　階段を下りていくとアンティークな喫茶店があるよ。ウーロン茶がおいしいお店だという評判よ。少し甘い香りのするお茶をいただきましょう。

妹　そろそろ暗くなってきたから帰ろう。バスがきたよ。

姉　後ろを見てよ。いま歩いた【④】の町並みが、山の中腹に浮かんでいるように輝いている。とてもきれいね。

C 台北

①台湾　②中華民国総統府。戦前の台湾総督府（1919 年建設）③ハンセン
④九份（カフン）

（梅野 正信）

3．指導案

（1）題材名：東アジアの町は日本の歴史とどのような関係があるか

　2017 年 7 月 19 日（水）1 校時　1 年 1 組 25 名

（2）授業の目的

　①東アジアのソウル、上海、台北の三つの町の中にある「日本とのつながり」を探し出すことができる。

　②世界や日本の、町歩きをする際に「歴史への想像力」を働かせることができるようにする。

（3）生徒観

　本校は薩摩半島中央部の薩摩川内市にあり、県内では温泉地として有名な地

17）　九份（Jiufen）。新北市瑞芳区金瓜石の街並み（九份老街）を指す。日本統治時代に金の採掘で発展したが、金鉱の閉山で一時衰退した。1989 年、戦後の国民党統治下でタブーとされてきた政府による弾圧事件、二・二八事件（1947 年）を取り上げた映画『悲情城市』（侯孝賢監督）のロケ地として脚光を浴び、現在は当時の建物や風景が残された観光地として人気を集めている。

第Ⅲ部　歴史から響き合う東アジア

域であるが、地域の疲弊が最大の課題であり、生徒の貧困も深刻な事例が少なくない。

　東アジアに関しては、訪問したことのある生徒はいない。知識・情報はテレビ・インターネットによるものが多い。KPOPへの興味からハングルを理解する生徒もいるが、ネット情報によるものと思われる「嫌韓」「嫌中」を公言する生徒もいる。韓国、中国の知識・情報に比べて台湾の知識・情報が少ないようであるが、教科書における取り扱い、テレビ・インターネット上の情報量が影響を与えていると思われる。

（4）本時案

過程	学習活動	予想される生徒の反応	資料・留意点
導入	1　東アジアにはどういう国々があり、どのようなイメージを持っているかを互いに交流する。	1　世界の地域構成で学んでいることから次の国名が出てくると予想される。「中国」「韓国」「北朝鮮」「モンゴル」「日本」	・地図を用いない状態で発問し、自由に発表させる。
展開	2　スライドを見てどこの国の写真かを予想する。	2　韓国好きな生徒がいることからすぐに分かると思われる。	・スライド（青瓦台と南大門） ・ワークシート ・絵地図
	3　ソウル市内の次の建造物・史跡を地図や写真で確認しながら教師が解説を加える。 ・旧ソウル駅舎・新世界百貨店・旧ソウル市庁舎（ソウル図書館）	3　地図や写真を見ながら次のような反応が予想される。 ・旧ソウル駅舎と東京駅の比較「色、形、屋根、ドームが似ている」 ・似ている理由「パクリ、流行、同じ人が造った」	・スライド（旧ソウル駅舎、東京駅、新世界百貨店、三越日本橋店、旧ソウル市庁舎）
	4　朝鮮総督府の取り壊しについて賛成意見・反対意見があったことを理解し、結果がどうなったかを予想する。	4　2つの意見を予想する。 反対「残して、過去を忘れない」 賛成「見たくないものは取り壊す」	・スライド（朝鮮総督府と光化門） ・スライド（柳寛順の銅像）
	5　三一独立運動と柳寛順との関係について理解する。	5　韓国人が日本人に持つ複雑な感情について予想しながら理解する。	・自由に意見を発表させる。
	6　李香蘭の写真と歌「夜来曲」からこの人物はどこの国の人物かを予想する。	6　日本語の歌詞と中国語の歌詞があることから意見が分かれる。	・スライド（共同租界の旗、租界の欧風建築）

118

	7 李香蘭が活躍した上海の共同租界の写真を見て何という都市か予想する。	7 ロンドン・パリ・ローマなど欧米の国々を予想する。	
	8 共同租界の様々な建築物と旗から多くの欧米の国々の租借地であったことを理解する。	8 旗からどのような国々の人々が住んでいたかを予想する。	
	9 租界の中にユダヤ人町があったことを理解し、杉原千畝がそのことに関連していることを確認する。	9 小学校で習った杉浦千畝とナチスのユダヤ人虐殺について知識を交流する。	・スライド（杉原千畝の写真とアウシュビッツの写真）
	10 浦東の写真を見せ、現在の上海の発展の様子を理解する。	10 共同租界の対岸が近代的な高層ビル町であることに気付く。	・スライド（浦東の高層ビル街）
	11 何枚かの写真からどこの都市であるかを予想する。 ・台湾総統府 ・九份の町並み	11 どこの国の風景に似ているかを考えながら地図帳などを用いながら考える。	・スライド（台湾総督府、九份の町並み）
	12 台湾がどういう地域（国）であるかを理解する。 ・国連が国として認めていない。	12 台湾が中華民国という国名を使用していることから中華人民共和国との関係を予想する。	・スライド（中華民国、中華人民共和国の旗、オリンピックの時の旗）
	13 ワークシートの解答を確認しながら学習の確認をする。	13 教師とともに知識の確認を行う。	・スライドを見直しながら時間をとって確認する。
まとめ	14 「日本と東アジアの関係」について教師の補説を聞く。	14 「東アジアの国々」とは戦争、植民地の歴史でつながっていることを確認する。	・風景・建造物に歴史的背景があることを強調する。
	15 用紙に「何が理解できたか」「感想」を記入する。	15 印象に残った箇所を記入する。	・自由に記述させる。

4．授業の様子

4－1．東アジアの国々とは

　授業の冒頭に「東アジアには何という国があるか？」と聞いてみる。日本、韓国、中国の三つはすぐに出てくる。あと、北朝鮮、モンゴルも続いて出てくるが、台湾（中華民国）はなかなか出てこない。韓国、中国、北朝鮮はニュー

ス報道などで、モンゴルは大相撲との関係で、認知度は高い。しかし、台湾について生徒の認知度は高くない。

4－2．ソウルの町並みにある「日本」

　ワークシートと絵地図を配付する。絵地図をもとにソウルを散策するつもりでスライドにて写真を紹介していく。まず、旧ソウル駅舎（以下、ソウル駅）から紹介する。「これはソウル駅。日本のある建造物とよく似ているのですが。それは何でしょう？」と聞いてみる。何人かの生徒が気付く。「東京駅」。そこで東京駅の写真と比較してみる。「どこが似ている？」と聞くと「色使い」「形」「屋根のドーム」などが似ていると指摘する。「じゃあ、どうして似ているんだろう？」と聞くと「パクリ」「流行」という意見に混じって「造った人が同じ」という意見が出てくる。東京駅は日本銀行本店や奈良ホテルなどで有名な辰野金吾の設計であるが、ソウル駅舎（1925年竣工）はその弟子の設計である。歩いて次の建造物新世界百貨店に移る。「しばらく歩くとこの建造物があります。この建造物はいったい何でしょう？」。学校の近くにないのとショッピングモールなどと較べてあまり馴染みがないためか、意外に答えが出るのに時間がかかる。「百貨店ですが、この百貨店、昔は日本の百貨店の支店だったんです。何という百貨店でしょうか？」。小売業界の激変のため百貨店に馴染みのない生徒たちから「三越」の名を引き出すのは苦労したが、三越日本橋店の写真と比較してみるとやはり造りが似ているのに気付く。

　その後、絵地図に沿ってソウル市街を北上して旧ソウル市庁舎（ソウル図書館）の建物 を紹介する。ここでは簡単に「この建物も日本が造ったものです」と説明する。そして、重要な発問をする。「どうして、ソウルには日本（人）が造った建物があちこちにあるのでしょうか？」。この問いにはどのクラスの生徒もすぐに答えることが

写真6-1　授業の様子

18）辰野金吾に学んだ塚本靖の設計によるとされるが、近年韓国では異なる意見も出ている。

できる。中学校の近現代史学習はこれからなのであるが、「朝鮮半島は日本の植民地支配を受けていた」ことは、教室の生徒の半数くらいは知っているようであった。

４－３．朝鮮総督府は壊したか？　残したか？

　さらにソウル市街を北上していくと、光化門があり王宮がある。ここである写真を紹介する。光化門の後ろに朝鮮総督府がそびえ立っている写真である。地図で位置関係を確認し、朝鮮総督府の役割について説明した後、生徒に「どうして、こんな所に総督府を建てたんだろう？」と聞いてみる。最初は、「便利だったから」「眺めが良かったから」という意見が多かったが、数人の生徒が、「力を見せつけるため」「日本のすごさを思い知らせるため」という意見を出す。ピラミッドや古墳、安土城や大阪城などの巨大建築、壮麗な建築が支配に利用されることが生徒の意識の中に残っているものと思われる。２年生のクラスでは「王宮を隠すため」という意見が出たので、「どうして隠すの？」と聞くと、「もうお前達を支配するのは王様ではないということを分からせるため」とその生徒は答えた。

　その後、この朝鮮総督府の建物を「壊すか」「残すか」で意見が分かれたことを紹介する。「残す理由は何？」と聞くと、「過去の歴史を忘れないため」「記憶に残しておくため」という意見がすぐに出てきた。ここで原爆ドームやアウシュビッツ収容所を紹介し、負の遺産として残すことがあることに触れる。さすがに原爆ドームの名前は先に生徒の口から出てきた。「じゃあ、壊す理由は何？」と聞くと、「忘れたい」「見たくない」「いろいろ思い出して嫌な思いになる」などの意見が出てくる。「結局この朝鮮総督府の建物はどうなったと思う？」と聞いてみた。「壊した」も「残した」もすべてのクラスで半々くらいであった。結局、当時の金泳三政権が取り壊したという事実と、現在の光化門と王宮跡の写真を紹介する。生徒の反応は特に驚いた様子ではなかった。

　なお、三一独立運動と柳寛順については軽く紹介するにとどめ、「歴史の学習で再度名前が出てくるので覚えておいて欲しい」と付け加えた。

第Ⅲ部　歴史から響き合う東アジア

４－４．国際都市上海の意味？

　李香蘭の歌声と写真を紹介する。「どこの国の人でしょう？」。日本語の歌詞と中国語の歌詞の混じった歌、エキゾチックな容貌の写真から「日本人」「中国人」と意見が分かれる。「この人は実は日本人の女優ですが、昔中国人役をして大変人気がありました。この人が活躍したのがこの町です」と上海の共同租界の写真を紹介する。「どこだと思いますか？」と聞くと、東アジアの学習とは分かっていながら、「ロンドン」「パリ」「ローマ」などのヨーロッパの都市名をあげる生徒が多い。「東アジアの学習なんだけど」と言っても、分からないようである。「中国の上海です」と紹介すると「ほお」と驚きの声を上げる。「どうしてロンドンやパリだと思ったの？」と聞くと「だって、ヨーロッパの町と似てるから」と答える。「そう、実はこの上海の一部の町はヨーロッパ人が造ったんです」とこの共同租界の旗を紹介する。10カ国以上のヨーロッパの国の旗がそこに描かれているが、イギリスやフランスなど生徒に馴染みの国旗もある。「これらの国々が共同でこの地域を治めていたんです」。ここで、近代における中国の租借地について簡単に説明するが、歴史的背景がしっかりおさえられていないと理解は難しいものと思われるが、植民地支配が「列強入り混じり」の状態で存在していたのが上海であるということは、おぼろげにも理解してもらえたのではないだろうか。

４－５．上海とユダヤ人

　「いろいろな国の人たちがいたこの上海にユダヤ人の町もあったんです」と紹介してから、生徒にユダヤ人についての知識を聞いてみる。数人の生徒が「アンネの日記」などから知っていたので簡単に説明してもらい、教師の方で「ナチスによるユダヤ人虐殺」を補説した。それから「アジアに逃げてきたユダヤ人について深い関わりのある日本人がいるのですが、その日本人が誰だか分かりますか？」と聞いた。小学校で杉原千畝を学習しているはずであるが、生徒はあまり記憶にないようで、名前が出てくるまでにかなりの時間を要した。生徒の答えを聞いてから、杉原千畝が助けたユダヤ人は上海が国際都市であったことで、この町に逃げ込むことができたことを説明した。

　「今この町はどうなっていると思いますか？」と聞いてみた。もう上海は租

122

借地でも植民地でもないので、すべて中国に返還されたことを紹介する。そして、李香蘭が裁判にかけられ日本人であることが証明されたことで解放され、戦後日本で国会議員を務めて、2014年に亡くなったことを付け加えた。

４－６．台湾人は日本が好き？

　次に台北の総統府と観光地九份の写真を見せて「どこの町？」と聞いてみたが、答えは出てこなかった。「鹿児島に来る観光客で一番人数が多いのはここの国だよ」と言ってもピンと来ないようであった。最終的に東アジアの地図でまだ出てきていない国（地域）を整理しながら、生徒からようやく答えを引き出すことができた。生徒にとって、台湾（中華民国）は、「近くて遠い国」ではないかと思えた。

　まず、台湾（中華民国）が「国際連合が国家と認めていない」ことを、中国（中華人民共和国）との関わりで説明した。オリンピックには「チャイニーズタイペイ」として出場していることを紹介すると、「面倒くさい」の声があがった。次に「東日本大震災の義援金が最も多かった国」と紹介すると、一同驚きの表情を見せた。「どこが一番多いと思ってた？」と聞くと、「アメリカ」が圧倒的に多かった。

　その後、風景の紹介に入った。観光地である九份の写真では、「台湾の有名な映画のロケ地になりました」と紹介する。生徒はその派手な色使いと奇抜な建造物に驚いていた。台湾総統府が以前の台湾総督府をそのまま使っていることを紹介すると、ある生徒が「台湾人は日本が好きなんですか？」と聞いてきた。「どうして？」と聞くと、「義援金も一番多いし、総督府も壊さずに大切に使っているから日本が好きなのかなあと思って」と答えた。「どうだろうね」と言葉を濁し、「そうなのかどうかこれから考えていこうか」と答えた。

４－７．東アジアと日本

　三つの都市の紹介の後、ワークシートの空欄を埋めながら復習を行った。そして、「日本の中にある東アジア」「東アジアの中にある日本」という視点で学習していくことの重要性と、「町並みの中の風景、建造物にある歴史」について触れて授業を終え、最後に「授業で理解できたこと」「授業を受けて思った

第Ⅲ部　歴史から響き合う東アジア

こと、考えたこと」を用紙に記入してもらった。

5．授業の成果と課題—生徒の認識から—

　以下、生徒のコメント「授業で理解できたこと」「授業を受けて思ったこと、考えたこと」から授業を整理しておきたい。

5－1．ソウル—日本の植民地支配に関すること—

　旧ソウル駅舎など「日本のものによく似た建物が多いことが分かった」という視覚的イメージに言及するコメントが多い中、次のように日本の植民地支配に言及したものもあった。

・日本が植民地にしていた時に建てた建物を壊したということを聞いて、韓国の人たちはとても苦しんでいたんだと思った。

・王宮を隠すようにして建てられた建物があること。その建物は見せつけるようにして建っていること。この2つは「壊したい」という気持ちにつながると思う。

・色々な国にたくさん日本の支配をしていたあとがあり驚いた。また、この行いによってたくさんの人が傷ついたんだなと感じた。

・中国や韓国など日本とあまり関係が良くない東アジアの町に日本とつながりの深い建物や風景があってちょっと複雑な気持ちになった。

5－2．上海—国際色豊かであること—

　上海においては、東アジアとは全く違った風景に驚いているコメントが目立った。

・私が一番驚いたのは、東アジアなのにヨーロッパやアメリカの町並みのような場所があったことです。中国や台湾など日本に近い東アジアの国は、派手な色合いでギラギラしているイメージがあったので、写真をみてとても動揺しました。それも、歴史とすごく関わりが深いのでその地域がどんな所かいろいろ想像することができました。

124

第6章　東アジアの町は日本の歴史とどのような関係があるか

・大都会で変わった高層ビルが多いというイメージでしたが、川のむこうに全然違うヨーロッパの町並みがあることに驚きました。どうして、こういう共同租界ができたのかに興味がわきました。

また、二人の人物に言及したものとして次のようなものがあった。

・李香蘭という女優に興味をもった。どうして中国人の格好をしていたのか。裁判になってからのこととかもっといろいろ知りたいと思った。
・杉原千畝の事は知っていたが、助けたユダヤ人が逃げこんだ場所があることに感動した。あらためて杉原千畝のしたことはすごいと思った。

5－3．台北－日本との関わりに関すること－

韓国とは違った日本との関わりに言及するものがみられた。

・昔、日本の植民地だったのに東日本大震災の義援金を一番多く送った国だと聞いて「優しい国だな」と思った。
・韓国は総督府を壊したのに、台湾はそのまま使っているのを知って、その違いに興味を持った。
・私たちが見て中国人だと思っていた観光客が「実は台湾人かもしれない」と聞いて驚いたが、よく考えてみれば鹿児島からは近いのでたくさんやってくるのも当たり前だと思った。

おわりに

　ソウル、上海、台北の三つの都市の中にある「日本との歴史的関わり」を写真と地図で確認していく授業であったが、生徒のコメントで一番多かったのは「初めて知った」という文章であった。特にソウルについては、韓国好きあるいは韓国のアイドル好きの生徒も少なくない中、ある程度のイメージを持っている生徒がほとんどであったが、その風景が「歴史において日本とどういう関係にあるか」を理解していた生徒は皆無であった。ある生徒は「なるほどよく

125

見てみれば日本の建物と似ていると思った」と書いていたが、この授業はその「よく見てみる」授業だったのだと考えている。

　朝鮮総督府の建物の取り壊しの是非については、若干の討論もしかけてみた。「残したい」意見、「壊したい」意見の両方への共感を前提にして、「どうなったか」の予想をさせてみた。歴史認識をどのように生活、風景につなげていくかの思考・判断を試す場面であった。予想はちょうど半分ずつであったが、現実の結果に違和感を持つ生徒はいなかったようである。台北の総督府の建物が総統府として活用されている事実についてもその時の思考・判断をもとに理解されているのではないかと考えている。

　予想していなかった成果として挙げられるのは、「もっと知りたい」「調べてみたい」というコメントが少なからずあったということである。その内容は、「日本が植民地支配した地域」「共同租界がどのように治められていたか」という、より深い理解を求めたものや、「李香蘭という人の生涯」や「柳寛順みたいにたたかった人」など人物に関するものもあった。「町並みを歩く」ことでその町の歴史や人物に思いを馳せることができる生徒がいたことは、大きな成果ではないかと考えている。

　課題は、この授業を歴史や公民の授業にどのように関連づけて深めていくかということである。この授業を「東アジアへの理解」への導入の授業と位置づけるならば、この授業において触れた内容が違った形でより深められた形の教材として生徒に提示されるべきではないかと考えている。ひとりの生徒が「2学期からの授業が楽しみになった」と書いていたが、いかにその生徒の期待に応えるかは今後の授業とのつながり、関連であることに違いない。

（山元研二）

〈参考文献〉
・遠流台湾館編著（2010）『増補改訂版台湾史小事典』中国書店。
・岡林隆敏編著（2006）『上海航路の時代─大正・昭和初期の長崎と上海』長崎文献社。
・片倉佳史（2005）『観光コースでない台湾─歩いて見る歴史と風土』高文研。
・───（2015）『古写真が語る台湾　日本統治時代の50年 1895 - 1945』祥伝社。
・加藤公明（1999）「リレー討論 従軍慰安婦を考える授業」『教育』49号、pp.115-124。
・坂野徳隆（2012）『風刺漫画で読み解く日本統治下の台湾』平凡社新書。
・鈴木智子（1997）「「従軍慰安婦」問題を授業で扱って」『歴史地理教育』12月号、pp.108

-114。

・高崎宗司（2002）『植民地朝鮮の日本人』岩波新書。

・高橋正一郎（2001）「高校の授業 日本史 強制連行された中国人の訴え」『歴史地理教育』7 月号、pp.54-57。

・周婉窈著、濱島敦俊監訳（2013）『増補版図説台湾の歴史』平凡社。

・沈柔縉著、天野健太郎訳（2014）『日本統治時代の台湾—写真とエピソードで綴る 1895 〜 1945』PHP 研究所。

・ソウル歴史博物館（2015）『台京城府大観』。

・塚本登（2007）「高校の授業 日本史 人道に反する罪に時効はない—高校生は戦後補償裁判をどうみているか」『歴史地理教育』9 月号、pp.52-55。

・日韓歴史共同研究委員会（2005）『日韓歴史共同研究報告書』。

・日中韓 3 国共通歴史教材委員会（2005）『未来をひらく歴史—東アジア 3 国の近現代史』高文研。

・村松伸・増田彰久（1998）『図説上海—モダン都市の 150 年』河出書房新社。

・文部科学省（2017）『中学校学習指導要領解説社会編』。

・山口淑子・藤原作弥（1987）『李香蘭私の半生』新潮社。

・山辺健太郎（1966）『日本の韓国併合』太平出版社。

・四方田犬彦（2011）『李香蘭と原節子』岩波現代文庫。

・歴史教育研究会・歴史教科書研究会（2007）『日韓歴史共通教材　日韓交流の歴史—先史から現代まで』明石書店。

第Ⅲ部　歴史から響き合う東アジア

コラム③

韓国映画：風の丘を越えて（西便制）

梅野　正信

原題　「西便制」（서편제）
林權澤（임권택）監督　1993 年　韓国映画
日本での劇場公開　配給シネカノン　1994 年
DVD　アップリンク　113 分　2001 年

　山間部の小さな集落。材木を運ぶトラックから 40 代の男性ドンホ（金圭哲が演じる）が下りてくる。彼は、「唄の峠」「唄の居酒屋」と呼ばれる宿と、そこでパンソリを唄うという女性を探している。春香歌、沈清歌などで広く知られる韓国の伝統芸能、パンソリは、韓国全羅南道を流れる蟾津江（섬진강）を境に、力強い響きを特徴とする東便制、情感を込めた唄い方で人気のある西便制に分かれる。

　「唄の居酒屋」にいるかもしれない女性は、ソンファ（呉貞孩）といい、ドンホの姉にあたる人で、パンソリを教える父親ユボン（金明坤）と二人、西便制の唄い手であることを糧として、旅芸人の生活を続けていた。

　ソンファもドンホも、ユボンの実の子ではなかった。パンソリを至上とするユボンに引き取られ、幼い時から、いやも応もなく、ソンファは唄を、弟のドンホは太鼓を教え込まれた。青年期にさしかかったドンホは、貧しい旅の生活と横暴な父親から逃げ出したものの、別れを告げた愛しい姉のことが気になっていた。年を経て、漢薬の買い付けで全羅南道を回るかたわら、姉を探していたのである。その場面は、およそ 1960 年代であるように描かれる。ユボンに引き取られたころのドンホは 5 歳前後にみえるので、それは 1940 年前後だろうか。姉と弟の姿が青年期に移り変わったあと、「解放を迎えたからには」「日帝時代は演歌が流行　解放後は西洋音楽だ」という台詞が挿入される。アルゼンチンタンゴ、ベサメムーチョを演奏しながら楽団が通り過ぎる場面は、朝鮮戦争前後のようにも推測できる。

　紅葉に覆われた全羅南道の山々、一面が真っ赤に染まり、それが雨に濡れ、やがて冬の寒さを予感させ、雪に覆われていく。その大地と自然に包みこまれるように、親子 3 人が旅をしている。大地と大空に向かって響くソンファ、ソンファを演じる呉貞孩（오정해）のソリ（声）が、秀逸である。切々と、それでいて力強く、直接耳に響いてくる。圧倒の感がある。

　映画では、春香歌、沈清歌を聴くことができる。だが、仕事のあてもなく、旅

128

コラム③　韓国映画：風の丘を越えて（西便制）

の疲れを感じながら、3人が、遠く広がる畑の向こうから「珍島アリラン」を唄う場面は、ことのほか印象に残る場面となっている。ユボンが唄う。「人が生きるとて何百年生きられようか　しみったれた世の中ながらほいほいと生きてみよう」「金のごとく玉のごとく愛しいわが娘よ　唄に精を出して名人になるのだぞ」。ソンファが続ける。「かわいい弟の調べに乗って　はるか遠い唄の道を歩んでまいります」。弟ドンホの太鼓もはじいている。

　「こんな暮らし続けて何になる？」というドンホ。「でも私は唄が好き　すべてを忘れて幸せになれるもの」と答えるソンファ。ドンホが父親のもとを離れていく場面、ソンファが大木の下で、去っていく弟を遠くに見続ける。弟も振り向いて立ち止まり、姉を見ている。そうしてソンファは唄うことをやめる。

　再び唄い始めるのは、父親が与えた漢方薬、附子（トリカブト）をのんで目が見えなくなった後である。失明したことを確認するように「もう空も月も星も見えなくなるの？　私　何もかも見えなくなったの？」「お父さん　私　唄いたい　沈清歌を歌いたい」という場面も、心に残るものとなっている。雪に覆われ、霧氷のような美しい木々にむかって、白いセーター姿の、ソンファの唄がこだまする。その情景は美しく、それでいて悲しい。

　ドンホは、やっとのことでソンファを探し当てる。名を名乗らずに沈清歌を請う。どちらも、弟であり、姉であることを分かっている。ここのところ、沈清歌は人間国宝・安淑善の声で録られていて、転がるような唄と声が、情感豊かに伝わってくる。中国の皇后となった沈清が、盲目の父親と再会する場面、ソンファが「アイゴアボジ」と声をかけるところで、太鼓をたたくドンホと唄うソンファが、はじめて笑顔になる。そして二人ともに頬を涙が伝う。ここのところも感動的である。

　映画の最後、雪のふる道を、女の子に導かれたソンファが歩いている。その場面に至るまで、映像のすばらしさには、感嘆するほかはない。

※　映画は、李清俊の短編集『風の丘を越えて―西便制』（早川書房 1994 ／原題は『南道の人남도 사람』）から「西便制」と「唄の光」をもとにしている。
※　韓国の大地と自然を歩く姿を追う映像は、同じ監督・林權澤、同じ撮影監督・鄭一成（정일성）による、放浪の画家・張承業（장승업）を描いた映画『酔画仙　취화선』（2002）でも、堪能することができる。

【参考文献】
扈賢賛著、根本理恵訳（2001）『わがシネマの旅―韓国映画を振りかえる』凱風社。
佐藤忠男（2000）『韓国映画とその精神』岩波書店。

あとがき

　東アジアの教育に関する本で、これほどまでに実践的共同研究が深化した内容は見たことがないと自画自賛している。オブザーバーでの参加だったが、いつのまにか、あとがきの責を負うことになった。

　第Ⅰ部では、東アジアの食の共通点を広がりからとらえようとした。蔡さんの実践は、日中韓の食事の際に使う箸文化の違いに着目した。形状の違いや材質の違いなどそれぞれの生活習慣や儀礼などと連関を考えさせられるものだった。公開授業も行われたが、高校生にとっては、日々それほど考えることなく使用してきた箸にも日中韓のお国柄の違いが庶民感覚で理解された。日常生活を通じて東アジアの共通文化を理解する機会となった。金さんの昆布の研究は、東アジア文化圏の広がりを創り出す源の一つとなった食文化の事例として、昆布が北から南へ向かって大陸へと広がった好材料であることを示した。特に食の基礎となる出汁として広がったのは興味深いものであった。

　第Ⅱ部では、人々の交流を通じて人の在りようにせまる。國分さんが漂流民から東アジア世界に迫り、高さんと石川さんが「在朝日本人二世」の朝鮮史研究者旗田巍氏のアイデンティティをめぐって論じる。民族の課題に正面から挑むことになるが、偏見を乗り越える博愛と信頼に迫る苦悩を見た。

　第Ⅲ部での坂田さんの授業は、創氏改名という極めて理不尽な帝国主義的植民地支配の問題を公開研究授業で明らかにして、日本の高校生たちの歴史意識に迫る。梅野さんと山元さんの授業は、日本の植民地統治の遺跡や遺物を通じて、「歴史への想像力」を働かせるようにした実践である。

　これらの諸研究が目指す国際理解の作法として、以下のようにまとめておきたい。

「互いに欺かず争わず真実を以て交り候を誠信とは申候」

　21世紀に入って、東アジア3国ないし4国は、その国際関係では、緊張・対立に濃淡がある中で、民間での交流はそれなりに進められてきた。国家間の

関係がギクシャクしても、スポーツ・音楽・演劇などを通じての交流は積極的に進められてきたように思う。私自身、個人的には、日中・日韓・日朝の研究者間の交流促進に積極的にかかわってきた。中国・韓国には訪問し、歴史教育や社会科教育を軸に研究者・教員との交流を行ってきた。通訳を介してだが、教室での世界史の授業も行った。

　元来日本人は、欧米文化に憧れ、トップアーティストやその演奏・作品を迎え入れ、その受容の歴史は明治以来の日本文化のあり方に多大の影響を与えてきた。日本列島には、西洋文化・東洋文化・日本文化が共存し、さらには中東やアフリカ、中南米などの文化も加わっている。学問研究においても日本は制度・内容・方法において圧倒的に欧米的であり、東洋文化はどちらかといえば、マイナーに位置づけられてきたといえよう。その中でも、漢方医学は、「切った貼った」の西洋医学を補完共存してきたであろう。欧米からは地図上においてはファーイーストという「極東」に位置付けられ、欧米化・近代化した日本だが、19世紀半ば以前は中華世界に包摂されており、漢字・漢語の世界にあった。日本では漢字から仮名文字を考案し使用してきた。一方、朝鮮半島では独自のハングルという表音文字が考案された。中国人、朝鮮人、日本人のそれぞれは、独自の言語・文字により生活文化を形成してきたのである。

　日中交流史を飾る中国人で忘れることのできない人物は、辛亥革命から中華民国成立の立役者孫文である。日本に亡命し、彼を助けた多くの日本の友人たちの存在は大きい。エピソードの多い日比谷公園の松本楼は忘れることのできない歴史的な場所の一つである。

　また、国語の教科書に載った「藤野先生」を書いた魯迅の影響も大きい。他方、日韓・日朝の交流史を飾る韓国・朝鮮人はどうだろう。厳しい植民地支配に対して、伊藤博文を射殺した安重根（あんじゅんぐん）、義挙活動を展開した尹奉吉（ゆんぼんぎる）など独立を目指した人々は忘れられない。そうした中で、韓国・朝鮮人と一緒に生きようとした柳宗悦、浅川巧、金子文子、田内千鶴子、戦後韓国史研究をつづけた梶村秀樹らの足跡はしっかりと記憶にとどめたい。

　前近代日朝交流史を飾る人物は、雨森芳洲（あめのもりほうしゅう）と申維翰（しんゆはん）の二人であろう。『海遊録』を書き残した申維翰は朝鮮通信使制述官で、芳洲と激しい外交論戦を交わ

した人物である。「よく三国の音に通じ、よく百家の書を弁じ、おのずから涇渭の分がある」と芳洲を称えた。「互いに欺かず争わず真実を以て交り候を誠信とは申候」という言葉を残したのが雨森芳洲である。

　彼は1698年に対馬藩より朝鮮方佐役（朝鮮担当部補佐役）の職務を受けて1702年に釜山に渡り、1703年から1705年まで倭館に滞在しながら朝鮮語を学んだ。この間、朝鮮側の日本語辞典『倭語類解』の編集に協力し、自らも朝鮮語入門書『交隣須知』を編んだ。1711年には徳川家宣、1719年には徳川吉宗の就任を祝う朝鮮通信使（正使・趙泰億、正史・洪致中）に随行して江戸にのぼった。この使節団の制述官であった申維翰が帰国後に著した『海遊録』の中で、雨森芳洲の活躍した様子が書かれている。

　1720年には朝鮮王・景宗の即位を祝賀する日本からの使節団に参加して釜山に渡っている。しかし、朝鮮人参の密輸など藩の朝鮮政策に対する不満を持ち、翌年には役を辞任した。その後は自宅にて私塾をひらき、本の製作と教育の日々を過ごしたが、1729年には特使として釜山の倭館に赴いた。1734年には対馬藩主の側用人に就任、藩政に関する上申書『治要管見』や朝鮮外交心得『交隣提醒』を書いている。

　1755年、88歳にて対馬で死去した。忌み名は一得斎芳洲誠清府君。墓は対馬厳原日吉の長寿院にある。

　以上が雨森芳洲の生涯の概略である。新井白石とは同門であり、活躍した時期も重なる。滋賀県高月町には芳洲の記念館がある。韓国の中学生や高校生がこの記念館を訪れて芳洲の「誠信の交わり」を学び、ホームステイにより町の人々との交流を通じて日本への理解も深めている。芳洲はその著書『交隣提醒』で「とにかく朝鮮の事をくわしく知り申さず候ては、ことに臨み何の了簡つかまつる様これなく、浮言新説はいかほどこれあり候ても益々これなく候」と外国をきっちりと知り、「互いに欺かず争わず真実を以て交り候を誠信とは申候」と真の国際人の心得を述べ、実践した人である。

　雨森芳洲の心得を最終章として、本書のまとめとしたい。

二谷貞夫

【執筆者紹介】（◎は編集委員長　○は編集委員）

◎高　吉嬉（こう・きるひ）……………………………………… はじめに・第4章・コラム②
　山形大学地域教育文化学部

　蔡　秋英（さい・しゅうえい）……………………………………………………… 第1章
　広島県立戸手高等学校

○金　玹辰（きむ・ひょんじん）………………………………………… 第2章・コラム①
　北海道教育大学教育学部

○國分　麻里（こくぶ・まり）………………………………………………………… 第3章
　筑波大学人間系

　石川　学（いしかわ・まなぶ）……………………………………………………… 第4章
　山形学院高等学校

　坂田　彩実（さかた・あやみ）……………………………………………………… 第5章
　千葉県立安房高等学校

　梅野　正信（うめの・まさのぶ）………………………………………… 第6章・コラム③
　上越教育大学学校教育研究科（研究院）

　山元　研二（やまもと・けんじ）…………………………………………………… 第6章
　鹿児島県樋脇中学校

　二谷　貞夫（にたに・さだお）…………………………………………………… あとがき
　上越教育大学名誉教授

本研究は JSPS 科研費 JP24531177（国際理解の視点に立った東アジア交流史
の社会科教材開発）と JP15K04400（国際理解の視点に立った東アジア交流史教
材の実践と普及に関する研究）の助成を受けたものです。

交流史から学ぶ東アジア
――食・人・歴史でつくる教材と授業実践――

2018年2月28日　初版第1刷発行

編著者	高　吉　嬉	
	國　分　麻　里	
	金　玹　辰	
発行者	大　江　道　雅	
発行所	株式会社 明石書店	
	〒101-0021　東京都千代田区外神田6-9-5	
	電　話　03（5818）1171	
	ＦＡＸ　03（5818）1174	
	振　替　00100-7-24505	
	http://www.akashi.co.jp	
	装丁　　明石書店デザイン室	
	印刷　　株式会社文化カラー印刷	
	製本　　協栄製本株式会社	

（定価はカバーに表示してあります）　　　　　　　　　ISBN978-4-7503-4634-2

JCOPY　〈（社）出版者著作権管理機構　委託出版物〉
本書の無断複写は著作権法上での例外を除き禁じられています。複写される場合は、そのつど事前に、
（社）出版者著作権管理機構（電話 03-3513-6969、FAX 03-3513-6979、e-mail: info@jcopy.or.jp）の許諾を得
てください。

【日韓歴史共通教材】

日韓交流の歴史 ―先史から現代まで―

歴史教育研究会（日本）
歴史教科書研究会（韓国）【編】

A5判／並製／464頁
●2800円

東京学芸大学とソウル市立大学校を中心とする研究者・教員が、15回のシンポジウムを経て10年がかりで完成させた初の日韓交流通史。記述は高校生向けに平易で、写真・地図等も多く掲載。各章の解説や、生徒用、教員用、一般読者用の参考文献も載せ完成度は随一。

■■■ 内容構成 ■■■

刊行にあたって／この本の読み方
第1章　先史時代の文化と交流
第2章　三国・伽耶の政治情勢と倭との交流
第3章　隋・唐の登場と東北アジア
第4章　10〜12世紀の東北アジア国際アジア
第5章　モンゴル帝国の成立と日本・高麗
第6章　15・16世紀の中華秩序と日本・朝鮮関係
第7章　16世紀末の日本の朝鮮侵略とその影響
第8章　通信使外交の展開
第9章　西洋の衝撃と東アジアの対応
第10章　日本帝国主義と朝鮮人の民族独立運動
第11章　敗戦、解放から日韓国交正常化まで
第12章　交流拡大と新しい日韓関係の展開
より深く理解するために／参考文献（生徒用、教員用、一般読者用）／読者の皆様へ／索引

日韓中でつくる国際理解教育

日本国際理解教育学会、ACCU共同企画
大津和子編
●2500円

韓国高等学校歴史教科書　東アジアの歴史

アン・ビョンウ、キム・ヒョンジョン、イ・グヌ他著
三橋広夫、三橋尚子訳
●3800円

【日韓共通歴史教材】朝鮮通信史　豊臣秀吉の朝鮮侵略から友好へ

日韓共通歴史教材制作チーム編
●1300円

【日韓共通歴史教材】学び、つながる日本と韓国の近現代史

日韓共通歴史教材制作チーム編
●1600円

日韓でいっしょに読みたい韓国史　未来に開かれた共通の歴史認識に向けて

君島和彦、國分麻里、山﨑雅稔訳
徐毅植、安智源、李元淳、鄭在貞著
●2000円

【歴史教科書】在日コリアンの歴史【第2版】

在日本大韓民国民団　中央民族教育委員会企画
『歴史教科書　在日コリアンの歴史』作成委員会編
●1400円

東アジアの多文化共生　共生社会の理念と実態

権寧俊編著
●2800円

日韓で考える歴史教育　教科書比較とともに　過去／現在との対話からみる

二谷貞夫研究代表　梅野正信責任編集
●2600円

〈価格は本体価格です〉